AF581073

Mi caos, mi fuerza

Mi caos, mi fuerza

Día a día con bipolaridad, TDAH, fibromialgia, disautonomía

ALEJANDRO CHAGOYA

Grijalbo

El papel utilizado para la impresión de este libro ha sido fabricado a partir de madera procedente de bosques y plantaciones gestionadas con los más altos estándares ambientales, garantizando una explotación de los recursos sostenible con el medio ambiente y beneficiosa para las personas.

Mi caos, mi fuerza
Día a día con bipolaridad, TDAH, fibromialgia, disautonomía

Primera edición: abril, 2026

ISBN: 978-607-387-049-8

Impreso en México – *Printed in Mexico*

Capítulo 1

La sabiduría del autodescubrimiento

¿Te has preguntado alguna vez cuántas personas son afectadas a diario por problemas de salud mental y aún no lo saben? En realidad, son más de las que puedes imaginar. Yo soy una de ellas, y tampoco lo sabía.

Desde muy pequeño tuve la sensación de que yo había venido a cambiar el mundo con una intensidad muy fuerte; sentía que me quemaba el cuerpo de la energía y las sensaciones siempre estaban a flor de piel. Mi núcleo familiar proviene de una cultura católica que parte de un sistema de creencias, el cual, al asociarse con todas estas experiencias interiores y personales, me hizo optar por acercarme a una búsqueda del sentido trascendental de la vida. Este camino religioso me permitió aprovechar las cosas buenas que me enseñó; incluso llegué a tomarlo con bastante intensidad, pero pronto comprendí que para poder disfrutar de una vida espiritual y para dar ese amor y fuego que hay en mí, también requería calma y serenidad.

Hoy comprendo que mi trastorno, y no tanto la influencia religiosa y familiar, fue lo que más me produjo esa experiencia desbordante que me conectaba con una energía infinita, la cual me hizo vivir muchas aventuras gratificantes, pero que a la vez me llevaron a realizar actos riesgos en cuanto a mi salud, mi vida, o incluso económicos al perseguir una causa.

Para contextualizar más sobre este tipo de experiencias, quiero ejemplificarlo con una pequeña anécdota que viví antes de comenzar tratamientos con medicamentos, diagnósticos y terapias.

Comencé una mañana con esta habitual energía y un sobresalto de emociones que siempre me acompañaban y que con frecuencia me hacían una especie de “llamado”. De pronto, un amigo tocó a mi puerta. Antes de cruzar el umbral de la casa, ya comenzaba a presentir que de alguna forma ese día también cambiaría el mundo, y en este caso en particular, lo haría ayudando a un amigo que tocaba a la puerta; cuando abrí el portón, al ver su rostro y notar en sus ojos una tristeza acompañada de angustia y melancolía, de inmediato experimenté un aumento de ese calor, esa energía en mí, la cual me colmaba de una sensación que yo percibía como extraordinaria. Lo abracé desde una realidad de emociones desbordadas que me hacían sobreinterpretar que él había llegado a mi puerta por una razón del destino, así que debía ayudarlo de inmediato, pues era mi tarea. Me invadía el impulso de hacerme responsable por él y sus situaciones a partir de ese momento, incluso dejándome de lado a mí mismo. Yo no distinguía los límites entre ayudar y dar, simplemente dirigía mi razón a partir de mi espíritu y mi alma. Todo sin límite y dando más de mi energía, de mi economía, de mi tiempo. E incluso con todo ello, no me permitía fallar en mis otras actividades.

Era como si tuviera el superpoder de tener una doble vida. Sin embargo, ese mismo factor fue el que tiempo más tarde me hizo tocar fondo, porque al final no tengo tales superpoderes, sino que solo creía tenerlos, sentía tenerlos; por ello, la realidad me confrontó cuando toqué fondo, y vaya fondo. Al fin llegó la cuenta y tuve que pagar, pues la acumulación a través del tiempo de experiencias como la que ejemplifico me hizo caer en una fuerte depresión. A partir de entonces, dejó de parecerme buena idea tener estos superpoderes. Después de muchos años, entre terapias, medicamentos y muchas más experiencias como esta me di cuenta de que no era lo correcto desbordarme.

Lo mismo me sucedió con los impulsos creativos; desde mi punto de vista tengo este don, que es un regalo de creatividad. Soy un ser muy creativo. En mi vida esto me ha llevado a conocer o a vivir muchas experiencias y a interactuar con muchas personas, lo cual me ha enriquecido en gran medida y me ha dado la oportunidad de incrementar mis habilidades artísticas. Sin embargo, debo entender que tampoco puedo hacerlo todo, estar en todas partes, pues aunque sienta que cuento con la energía necesaria, siempre debo recordarme que necesito ponerme límites. Si puedo aprovechar esta energía para explorar mundos nuevos, adelante, porque es parte del regalo; pero sobre todo es más importante para mí concientizarme de mis propios límites.

Este libro reúne toda mi experiencia como persona con trastorno bipolar, TDAH, fibromialgia y disautonomía. Lo he escrito basándome en distintos periodos de vida, que abarcan tanto episodios maniacos como épocas de estabilidad, así como en estado depresivo. Son experiencias que encendieron en mí esta llama que me llevó a la búsqueda de una vida plena. Y el resultado, contra todo pronóstico, ha sido satisfactoriamente una evolución en mí como ser humano. Es como un trueno, al cual yo llamo *la energía*, que impulsó un motor para que el autodescubrimiento, la aceptación y el desarrollo personal iniciaran.

El primer y gran pilar de mi desarrollo a considerar es que poco a poco me concienticé de que en mi vida yo puedo escoger el papel que voy a interpretar. Es mi actitud la que puedo elegir todos los días, así como la forma en que veo las cosas, ya que siempre puede haber diferentes perspectivas respecto de una misma situación, no solo una; ya me lo decía un gran amigo, "[...]nada es verdad ni mentira, todo depende del cristal con que se mira" (frase del poeta español Ramón de Campoamor). Así puedo observar con más claridad las situaciones y respetar los diferentes puntos de vista de los demás. Quiero compartirte los aprendizajes que he reunido al vivir con esta condición, para que a través de estas páginas puedas abrir tu mente y entender de primera mano las situaciones que te hacen sentir empático, así como reconocer las situaciones en las cuales puedes tomar decisiones sobre tu propia realidad.

Mi condición mental y el nombre que le den en la sociedad no me definen como persona, pues muchas de las experiencias que te compartiré son parte de las cosas que iban a pasar en mi vida con o sin diagnóstico. Nacer con un trastorno es como tener una mejora en nuestro *chip*, con el cual yo voy a poder escoger si usarlo para actos negativos o positivos. Este *shot* de energía puede impulsarnos a hacer cosas magníficas cuando aprendemos a utilizarlo a nuestro favor, pero con su debida responsabilidad y límites.

En este libro me centraré en la recopilación de determinados síntomas que vivo como una persona bipolar y cómo es posible tener éxito al intentarlo. Mi vida dio inicio con el *fuego* (más adelante te explicaré a qué me refiero con ello), siguió adelante con el temor de cómo vivir con él, y al final se convirtió en un gran e insospechado aliado para mí.

Al comenzar tu lectura, quiero proponerte que intentes acceder a un estado de consciencia más agudo de lo que estás acostumbrado en el día a día, o dependiendo de tus creencias, apóyate en una fuerza más allá de ti mismo para que puedas desarrollar una mayor comprensión y concientización que te permita distinguir lo que te sirve de lo que no. Las situaciones o interpretaciones no son absolutas, todo depende de la perspectiva.

Un síntoma del ser bipolar es tener un aumento de autoestima o sentimiento de grandeza que te puede llevar a magnificar experiencias que podrían entenderse como místicas. En el pasado tuve que tener cuidado con la relación que establecí con alguna deidad o determinados cultos, pues corría el riesgo de perder el sentido de la verdadera búsqueda de una conciencia transcendental, y extraviarme al inventar una relación desproporcionada que no tenía, que no existía y que muy probablemente era ilusoria. A partir de lo que aprendí gracias a las sesiones con mi psiquiatra, comprendí que al ser bipolar puedes perder el contacto con la realidad al interpretar experiencias espirituales o trascendentales. Esto no quiere decir que no podamos vivir este tipo de experiencias, pero será fundamental distinguirlas de ese fuego interno que resulta tan parecido.

Considero que ser bipolar puede ser un "regalo divino" porque, por ejemplo, te permite llevar a cabo grandes proyectos durante una fase maníaca, o en el caso de una depresión, la introspección profunda puede llegar a motivar grandes cambios o modificar la perspectiva de tal forma que resulte provechosa. Desde mi experiencia como creyente, ahora entiendo que, si bien mi esfuerzo y búsqueda me han permitido llevar a buen cauce mi condición, el gran don es gozar de una vida y desarrollar la capacidad de poder ser consciente de mí mismo, lo cual atribuyo a la gran fuerza superior y espiritual en la que yo creo. Este panorama es el que a mí me ha funcionado y me ha dado fortaleza para seguir adelante, pero es comprensible entender que de ningún modo debe aplicar de la misma forma para todas las personas. Y eso es algo que he podido asumir gracias a los tratamientos y recomendaciones de los profesionales de la salud con los que he acudido.

Los ciclos que vivo a través de la bipolaridad me han hecho estar más atento a mis emociones, me han dado autoconocimiento y me han permitido comprender que las personas sin este trastorno quizá lo vivan de forma diferente. Son ciclos, como los que tiene la naturaleza. Solo que en las demás personas estos no son tan abruptos como en nosotros, pues presentamos momentos más prolongados tanto de energía como de la necesidad de descansar. Pero lo más importante es que siempre intento no perder el sentido de lo sencillo que es estar conectado con mi conciencia y con esa energía superior con la que me comunico desde mi forma de vivir. También intento recordar lo sencillo que es conectarme con ese todo y que no necesito ver o escuchar cosas tan extraordinarias para lograrlo, pues estas forman parte de mi trastorno. En algún momento llegué a desarrollar ese sentimiento de un “llamado” más especial que superaba lo normal dentro de mi corazón, pero al final comprendí y maduré al aceptar que estaba bien sentirlo y que era de igual importancia no malinterpretarlo.

¿Qué síntomas asociados al trastorno bipolar he tenido? Hay diferentes tipos, tales como la manía, hipomanía, la depresión y los periodos de calma. En general, se manifiestan en episodios y pueden afectar la salud física debido a que impiden dormir más de tres horas durante días; en ocasiones se presentan como una depresión o simplemente el dolor físico aparece.

A veces en un estado maníaco tengo episodios muy largos de insomnio, en los que sobrepienso las cosas. El insomnio generado por estas grandes ideas me hace creer que soluciono todo mientras los demás duermen, pero en realidad jamás he resuelto nada en este estado; este tipo de episodios hipomaniacos me impide distinguir el día de la noche, lo cual puede llegar a orillarme a empezar un proyecto a las once de la noche y terminarlo a las diez de la mañana. Lo que hago en esos casos es pedirle apoyo a mi esposa; cuando me hice consciente de lo que hacía (dejar de dormir por hacer proyectos) le pedí a ella que recordara los siguientes principios si me veía a la una de la mañana trabajando o elaborando un proyecto nuevo:

1. Todo está bien, no necesitas nada.
2. Tu familia está bien.
3. Ya tienes todo lo necesario.
4. Si te comprometes con más proyectos, no podrás disfrutar los que ya tienes.
5. Tus hijos no necesitan más, yo tampoco, tú tampoco; es hora de descansar.

En estos episodios de manía siento que no puede haber nada capaz de llenarme, pero cuando comencé a agradecer en mi día a día por lo que tengo y empecé a evaluar los proyectos en turno, por fin pude encontrar un límite para estos. Resulta muy positivo para mi mente ser agradecido con lo que tengo y con lo que me da la vida; y a la inversa, ser agradecido también corresponde con saber dar.

A lo largo de estos años también he canalizado en una palabra en concreto la ayuda que necesito para encontrar un punto medio cuando me la digo a mí mismo: *cálmate*. De igual forma, en ocasiones suelo hacer un círculo de confianza con las personas más cercanas a mi vida: un amigo, pareja, vecino o familia, lo cual siempre me permite recordar que nunca nadie está solo.

El aprendizaje que he tenido al respecto es que para realizar proyectos o ideas tengo el día y no la noche, reconozco que estoy pasando por un episodio maniaco, lo cual me permite identificar que si le doy rienda suelta, a la mañana siguiente estaré más cansado, o bien, si el estado de manía continúa y sigo con la misma pila, me sentiré de mal humor y afectaré mis demás actividades familiares, sociales y laborales, y es probable que llegue a un estado de esta fase más intenso y con mayores riesgos. Al considerar lo que a mí me ha sido útil, tengo dos principios imprescindibles:

1. La noche es para dormir.
2. Si necesito ayuda en un estado de estos, tengo a la mano un bloc de ayuda por

episodio, así como un medicamento específico y el apoyo del psiquiatra.

Es importante identificar lo siguiente: si dejo este estado de manía y creo estar bien, pero en realidad no es así, voy a andar por la vida creyéndome boxeador y el costal serán los demás. Estas ideas que he formado al respecto quizá parezcan obvias para los demás, pero en mi caso, al experimentar ese gran momento de energía resulta que ya no parecen tan claras. Al leer este libro tal vez puedes pensar: "Yo no soy bipolar, y por tanto, este libro no es para mí". Sin embargo, es importante reconocer que TODOS, con o sin trastorno, alguna vez hemos experimentado momentos en los que pensamos que no encajamos con el mundo, o somos personas que sobreviven a diario con ansiedad, depresión, frustración, déficit de atención o hiperactividad. Puede que no te identifiques por completo con todo lo que me pasa a mí en específico, pero tal vez sí con una anécdota, una enseñanza, algún capítulo en especial o determinada enseñanza que a todos nos da una lección; en fin, puede que llegues a identificarte con lo que me ha sucedido como ser humano a lo largo de esta vida, y esto también te ayudará a ahorrarte un golpe en el futuro o te aportará un aprendizaje más. Nada de lo que hacemos para buscar superarnos es menos, por el contrario, todo suma.

Por otro lado, si en tu círculo de familiares, amigos o conocidos alguien vive con este trastorno, es muy posible que te hayas enfrentado en el pasado con dudas sobre su comportamiento o su forma de actuar; por ello, este libro te permitirá comprender más sobre su vida interior, sobre su día a día y sobre la forma en que puedes acercarte para apoyarlo en la búsqueda de una vida plena y el desarrollo de estrategias para situarse en el aquí y ahora. Un círculo de personas a su alrededor que lo comprendan será un tesoro invaluable para su vida, pues la confianza y el entendimiento le permitirán alcanzar sus metas más añoradas sin tener que vivir imitando la "vida normal" de los demás, y por el contrario, disfrutando de un auténtico y especial modo de vivirla.

En resumidas cuentas, en este libro quiero invitarte a conocer una nueva forma de vivir la vida, en la que la inclusión es fundamental para el desarrollo de la plenitud; pero sobre todo, para recordarte que en este camino, ya sea que vivas con un trastorno o que conozcas a alguien que vive con uno, no estás solo, pues hoy más que nunca las herramientas desarrolladas, los especialistas, los diagnósticos tempranos y los círculos de confianza te permitirán sentirte dichoso de ser quien eres y orgulloso de la vida que has elegido vivir.

Hay experiencias especiales que marcan de forma particular nuestra vida. Existe un instante de revelación en el que una fuerza se hace presente y nos trastoca. Un momento de magia, en el que todos esos cambios esenciales, desconocidos, nos hacen separarnos de lo común. En mi caso surgió con una gran fuerza, como un trueno que irrumpió con energía y lo iluminó todo, que entró en mi corazón, en mi alma, en mi espíritu, en mi psicología, y fue el regalo infinito que me permitió preguntarme conscientemente: ¿Qué hago aquí? Este fuego interior provocó un movimiento y me mostró que, desde niño, había venido a hacer algo grande, pues tenía un propósito más trascendental que las preocupaciones cotidianas. Fue una reacción única que yo no conocía, y entonces comenzaron a llegar cada vez más preguntas: *¿Qué vengo a hacer? ¿Por qué vengo a hacer algo grande? ¿Qué hago al saber que mi destino trasciende lo inmediato? ¿Cuál es mi verdadero propósito?* Y así empezó a nacer en mi mente, siendo un niño, ese trueno que me empujó a trazar mi camino. Encendió un motor que me hizo indagar el por qué venía a hacer ciertas actividades a esta tierra. Esta dinámica creadora me impulsó a tener gran interés por conocer acerca de la vida; ha sido para mí un fuego que emergió y nunca se detuvo desde entonces.

Dentro de esa búsqueda pude experimentar grandes aventuras, y al mismo tiempo toqué fondo en muchas otras ocasiones al vivir situaciones adversas, pero que de alguna forma también me llevaron a ser lo que soy ahora.

Quiero comenzar a hablarte de la génesis de estas ideas que he ido recabando a lo largo de mi vida: el periodo de mi infancia entre seis y siete años, y de lo que viví y fue fundamental para entender quién soy verdaderamente.

¡Mi creatividad siempre estuvo ahí! La considero parte imprescindible de mi personalidad. Sin embargo, si esta se mezcla con bipolaridad, juntas pueden convertirse en dinamita. Cuando tengo una ocurrencia, una idea, no la dejo hasta allí, sino que la llevo al límite.

De niño me fui dando cuenta de este comportamiento poco a poco, y maduré esta reflexión a través del tiempo porque entendí paulatinamente que de pronto hacía cosas que implicaban altos riesgos. A lo largo de los años en mis terapias me explicaron cómo el TDAH me conducía por un camino determinado en mi comportamiento; sin embargo, uno de los probables detonantes del trastorno bipolar a edad temprana fue una fisura craneal que sufrí, según lo que diagnosticaron diferentes psicólogos y psiquiatras. ¡En aquel tiempo no medía los peligros! No calculaba lo que iba a pasar si me orillaba a situaciones de riesgo.

Me encontraba en un proceso en el que no comprendía qué era lo que me pasaba.

¡Imagínate qué problema! Un día terminé con la fisura craneal. ¡Ocho centímetros de ceja a frente! Recuerdo cómo no sentía miedo de nada. ¿Y cómo es que sucedió? Esto fue lo que pasó. Una tarde estaba jugando luchas con mi hermano, cuando de pronto salí corriendo, y sin medir mis pasos terminé por caer y golpearme; entonces se empezó a nublar mi visión, comencé a ver solo sombras. Me había tropezado y golpeado en la orilla de la cama. Recuerdo que volteé a ver a mi hermano, solo éramos unos niños, y al verlo como un simple contorno de sombra, pensé: "Ya me quedé ciego". Después vi cómo me escurría la sangre, no claramente, sino como una sombra, veía todo oscuro, hasta que dejé de ver por completo. Cuando mi papá nos halló, muy asustado me cargó y se apresuró a llevarme al hospital para que me atendieran. Pero entonces surgió otro gran conflicto: no es posible que te anestesien porque al haber una herida en el cráneo, ¡tienen que coserte despierto!

En ese momento entendí qué era el dolor y comprendí que había acciones que podían conllevar un gran riesgo. Recuerdo que mientras estábamos en el hospital y los doctores me atendían, yo me imaginaba sobre un caballo galopando a toda velocidad con amigos que me acompañaban, no los reconocía como tal, pero sabía que estaban ahí para guiarme. Galopábamos hacia al atardecer con un sol resplandeciente mientras escuchaba la voz de mi papá rogándome, desesperado: "Hijo, no te me mueras, te necesito aquí, hijo". Después de aquel momento en que no veía nada más que esa luz, por fin regresé y volví a ver a los doctores y a las personas que estaban a mi alrededor. Los médicos nos dijeron que estuve a un milímetro de quedarme ciego. Cuando una situación así se presenta en tu vida, el sentido de tu existencia cambia completamente. Sin embargo, a pesar de esta experiencia, después seguí manteniendo cierta conducta arriesgada, porque esto hay que entenderlo como un proceso, un camino largo.

Mi paso por la escuela primaria fue un periodo complicado, los maestros me miraban y juraban que no iba a hacer nada positivo de mi vida. Hace poco tiempo, me encontré en la calle al antiguo director de aquella escuela en la que estudié, y tras charlar unos minutos, él no podía creer todo lo que había logrado después de mi paso por la primaria: "¿Es verdad que has hecho esto?", me preguntó incrédulo, mientras notaba esa mirada en sus ojos que reconozco ya perfectamente y que oscila entre tristeza o desagrado y alguno que otro gesto de orgullo. Entonces la respuesta que le di fue: "Yo jamás dudé de mí. ¿Recuerdas que solías decirme que no iba a hacer nada de mi vida?". Las palabras que escuché en la infancia, aquello que experimenté de niño, llegó a hacerme mucho daño, pero trabajar en ello y superarlo me dio un gran impulso. Yo crecí con la idea de que cuando uno no encaja, es porque no se está cumpliendo con los modelos establecidos, y entonces quedas al margen de la sociedad porque tienes que vivir siempre dentro de ese molde. Para mí fue un reto cada vez que algún maestro, familiar, amigo o persona que no creyó en mí y me lo decía.

Por eso, tras sufrir múltiples veces un trato de menosprecio, poco a poco empecé a desarrollar la idea de que eso mismo podía convertirse en mi fuerza para seguir adelante. Cuando después de muchos años coincidí con aquel director que no creyó en mí y más tarde se sorprendió por descubrir que a quien calificaba de inútil, ahora se había convertido en una persona exitosa, fue grato haber roto ese mal pronóstico sobre mí. Ser exitoso no significa que solo se trate de una cuestión económica o de ser el mejor en el trabajo, sino también es importante reconocer el crecimiento personal, mis propios valores, que me sienta satisfecho con lo que tengo y he logrado según mis propias metas. El gran éxito para mí es que nunca lograron apagar ese fuego.

Para eso, tuve que descubrir quién era Alejandro. Mi personalidad siempre ha tendido a lo artístico y creativo. Antes de golpearme en la cabeza mis calificaciones eran solo dieces, no conocía otro número, salvo uno que otro nueve por allí. Sin embargo, después del golpe, se descompuso todo mi sistema y comencé a tener dificultades con las materias. Perdí un poco la memoria y llegó una nueva etapa de mi vida.

Todos los recuerdos forman parte de lo que me hace ser quien soy, mi historia familiar. A la luz del presente, lo que viví con mi familia fue un magnífico proceso de autodescubrimiento. Ese afán por llevar a un nivel superior, extremo y mágico cada proyecto o idea, me hizo cumplir desafíos, pero también me hizo sufrir por no saber qué era lo que me pasaba. Entender que mi historia y la de mi familia es una parte de lo que me construyó fue el paso para centrarme en lo que realmente me hizo crecer.

Recuerdo que mi primer contacto con lo artístico fue en un día soleado en que habíamos acompañado a mi hermano a un partido de futbol en el que participaría con su equipo. Después de un rato, me sentí algo aburrido y entonces decidí salirme de la cancha para dar una vuelta e investigar qué había detrás de todos los árboles que rodeaban el área de la cancha. Eran enormes, me atraía su gran altura, pues medían ocho veces más que yo. Al seguir caminando, más adelante encontré una construcción gris con rojo, ni tan grande ni tan pequeña, pero que me llamó la atención por su estructura. Mi imaginación me hizo pensar que se trataba de un castillo, y por eso me metí allí. Al entrar, el lugar estaba oscuro, y solo algunas luces apuntaban hacia un escenario; entonces me di cuenta de que era un teatro. En ese momento se estaba presentando una obra con títeres, tal vez se trataba de un ensayo. Mi impresión fue tal, que ahí se despertó en mí el lado artístico, y me dije: "¡Teatro es lo que quiero hacer!". Mi papá hacía teatro también, pero eso no lo supe hasta que fui mayor.

Recuerdo que salí de ahí con gran emoción y felicidad por lo que había descubierto, se lo comenté a él, pero no hubo ánimo ni apoyo al respecto. El punto no radicó en que me gustara lo artístico, sino lo que emocionalmente me produjo esta idea al llevarla al extremo, lo cual me hizo sentir que yo era el artista que tanto había esperado el mundo. Al salir de ese lugar con la convicción de que yo era un gran artista en potencia, empecé tener ese sobresalto de energía y de emociones artísticas, haciéndome perder de vista que estaba ahí por un partido de mi hermano, pues mis sentidos se habían exaltado al máximo al imaginar que yo iba a llegar a ser una estrella. De camino a la casa empecé a visualizar imágenes de cómo triunfaría, de lo grande que sería, de los aplausos que iba a recibir, y al mismo tiempo comenzó a despertarse mi creatividad al pensar en cómo iba a lograr eso.

Entonces, mi cerebro fue avasallado por una tormenta de ideas. El artista que empecé a formar en mi imaginación era una persona que se vestía con botas color negro, de piel, con cascabeles que imitaban el sonido de la lluvia; un pantalón brilloso de pana, que tenía bolsillos en los que guardaba trucos mágicos para hacer ilusiones a las personas. La camisa era de color blanco sin botones y mangas largas. Entonces entraba dando brincos, bailando y saludando al escenario con una sonrisa en el rostro porque era su público el que gritaba: "Ale, Ale, Ale". Sentía una energía con una conexión inmensa, y a los espectadores se unía al unísono su familia. Al entrar, se iluminaba el escenario con luces, se prendía fuego a los costados; entonces él se paraba al centro, haciendo una reverencia y dando las gracias.

Imágenes como estas eran cada vez más constantes en mi imaginación, los colores se hacían más vivos, había sabores y aromas. Mientras soñaba despierto, en mi mente había pasado tal vez más de una hora, pero en realidad solo habían transcurrido diez minutos, o viceversa. Esto iba más allá de una simple visualización, porque existían sensaciones en la dimensión de la realidad, pero mi percepción e imaginación alrededor de esos estímulos eran diferentes. En definitiva, ese encuentro fue clave para mi vida.

La bipolaridad tiene algo especial para mí, pues combinada con mi personalidad me produce grandes impresiones de manera excepcional. Era como ver la ropa y sus texturas, poder sentirlas a través de la vista, pero sin tocarlas realmente. Este tipo de episodios me hacía sentir una energía por todo el cuerpo que también recorría mi mente, y entonces mil ideas venían a mí mostrándome todo lo que podría hacer; era tan intenso que todo lo que creaba en mi mente se sentía bastante real. Era una comunicación con mis ideas, sentidos y acciones que generaba momentos grandiosos y extraordinarios, y provocaba en mí revelaciones especiales en mi vida. En realidad, no se trataba de lo que me habían hecho sentir los títeres de aquella obra, sino la señal que me dieron para construir ese futuro que se me presentó ante mis ojos y que le dio sentido a mi próximo paso por la gran profecía que me revelaba.

De adulto lo seguí sintiendo casi igual: esa energía y esa facultad para asimilar la realidad con ese abanico de emociones. Durante aquella función de títeres preferí mantuve oculto al fondo porque sabía que no debía estar ahí, y si me acercaba me sacarían. Escondido vi cómo se terminó la obra, y salí de ahí diciéndome: "Eso es lo que tengo que hacer". En aquel entonces para mí era muy complicado concentrarme, así que haber estado ahí como media hora fue demasiado para mí, además de la explosión de emociones que tenía en mi cuerpo, en mi cerebro.

Entonces entendí que lo que me gustaba más era lo artístico, y no tenía ánimo de seguir insistiendo en adaptarme a lo que los demás desearan. Me dije a mí mismo que eso era lo que me gustaba. Pero en casa no hubo apoyo por muchas razones; mi papá sentía temor por que fuera algo que pudiera dificultarme el futuro, que sesgara mis oportunidades, o como se pensaba en esa época, que me fuera a "morir de hambre". Ante cualquier situación que tuviera que ver con arte, él me desalentaba. Quizá por eso, decidí acercarme a las carreras de Arquitectura y

Edificación y Administración de obras, pues quería demostrar, de alguna manera, que no me moriría de hambre explotando mi facultad artística y constructiva. Así fue como mi vida giró en torno a eso: el arte y la creación. En el plano personal, me dediqué a mi autoconstrucción, que en este caso ha representado una remodelación; también había que demoler algunas partes, ya que había actitudes negativas que no podían permanecer en mí.

Con la música también me pasaba algo indescriptible; escuchaba rock y venía a mí el deseo de ser como esos intérpretes. En cuanto a bipolaridad, también es algo que me enciende, porque se introduce en mi corazón; sé que es algo extra porque, a los ojos de los demás, parecería que estoy en drogas. La percibo y la escucho diferente, siento como si tuviera sabor, vida propia, y cuando el artista está cantando, me genera una serie de emociones que me alimentan de energía. Todos los colores, la creatividad, todo mi ser espiritual, físico y psicológico se encienden al mismo tiempo. Y eso lo puedo reconocer ahora que tengo mucho más trabajo emocional y ya no me pierdo tanto en el camino. De joven la música me transformaba, como lo sigue haciendo hoy en día.

Te pongo un ejemplo: puedo estar sentado, aburrido, sin ganas de nada; pero de repente escucho una canción que me motiva, tal como si se tratara de un maratonista que tiene que llegar a su meta, los cuarenta y dos kilómetros, y entonces se enfrenta al famoso muro, el kilómetro treinta y dos, que es el punto donde psicológicamente su cuerpo intenta detenerse, pero su mente logra romperlo, ya que físicamente esos diez kilómetros los termina sufriendo; es justo ahí cuando eliges. Así como en la vida, en toda experiencia que me lleva a una situación límite, yo elijo de acuerdo con lo que se me presenta (si servirme más vino y terminar a las cuatro de la mañana, si fumar otro cigarro, si seguir comiendo), pues hay un punto de equilibrio entre lo positivo y lo negativo. Yo elijo siempre, y también me recuerdo que no siempre es tan sano mantenerme todo el tiempo cuidando ese punto perfecto de equilibrio, ya que en mí tiende a estar a veces arriba, a veces abajo, a veces en medio, un poco a la derecha, otro a la izquierda y regresa; lo importante es que puedo volver a elegir. Para llegar hasta el cuarenta y dos, el maratonista tiene que energizarse justo en el kilómetro treinta y dos, entonces se pone esa canción que lo hace llegar; sin embargo, a mí me pasa eso desde el principio. Desde el momento que inicia, yo ya estoy en ese éxtasis que me truena el alma y el cerebro; los colores se ven más intensos y vibrantes, todo se ilumina en el cuarto, es extrañísimo, pero pasa. Es inaudito y la música me entra al triple.

Mi primer concierto, a los ocho años, significó esa sensación magnífica. De niño pude sortear mis momentos de depresión gracias a la música, la cual me regresaba la vitalidad cuando no quería ver a nadie. Hasta hoy en día me sigue funcionando: pongo la música y al principio, con la depresión encima, no alcanzo a ver bien los colores, los veo más suaves, más tenues, pero al seguir buscándolos por fin una canción me devuelve una vez más la chispa. Es una sensación momentánea, pero me ayuda a sobrepasar aquellos instantes. Por eso creo que es muy importante experimentar mi lado artístico, pues durante los estados de depresión me recuerdo que esa chispa siempre me ha ayudado, ya sea montando a caballo, caminando en algún parque, escuchando música o tocando un instrumento. Tengo el *hobby* de ser DJ, y esta actividad también me ha enriquecido y ayudado muchísimo en mis etapas de depresión.

Desde siempre recuerdo haber sido una persona bastante emocional, y esta parte de mí de repente me puede llevar a entregarme en cuerpo y alma a amistades, familia, conocidos o hasta personas que conozco de forma incidental. Soy muy buen amigo, extraordinario amigo, aunque también eso me puede llevar a vivir muchas consecuencias, pues cuando das tanto cabe la posibilidad de que lleguen a abusar de ti. Todo lo positivo que había en mi yo bipolar de la juventud en ocasiones me llevó a que me lastimaran y que perdiera el camino, pues no comprendía lo que había sucedido. "¿Por qué? Si hice todo esto bien, ¿qué fue lo que me pasó? ¿Por qué acabé aquí? ¿Por qué me sale todo mal?". Pero al final me di cuenta de que todo esto era mi responsabilidad porque no tenía una estructura emocional, pues no existía aún. Ignoraba lo que era inteligencia emocional, límites y filtros. ¡Todo estaba desbordado! Tenía miles de grupos de amigos, de todos los niveles, gustos e intereses. Me apartaba de algunos y no les hablaba o me les desaparecía por completo.

Desajustes emocionales como este me llevan a detenerme a través de un estado de depresión, sin entender lo que me ha sucedido. Sin embargo, a la vez es algo muy bueno para mí, ya que en esos momentos hago mucha introspección de lo que ocurrió, si actué mal o si simplemente se me acabó la energía. Si tan solo los papás, los maestros, las amistades, los adultos pudieran comprender a una persona que está desbordada emocionalmente y lo pudieran guiar, ¡sería algo genial! Sin embargo, quien ya viene estructurado bajo el concepto de "normal" no arriesgará más de lo "aceptable". En cambio, la bipolaridad en mí me ha llevado a perder ese límite y me ha impulsado a dar todo; siempre he sabido que ayudar, más que un efecto de la bipolaridad, ha sido parte de mi personalidad, ya que esto lo dicta mi ser, pero el trastorno en definitiva agudiza su magnitud al no percibir los límites. Si traía cien pesos y la otra persona no, se los daba, sin más. Y así con todo, llegué a dar y dar, sin medida y sin pensar en las consecuencias. Daba el dinero, la cartera, sin preguntarme siquiera si era demasiado o si en verdad era necesario. Llegué a caer en situaciones de gran riesgo como no concluir con una fiesta, hacer compras en exceso, gastos innecesarios, acumular deudas, y esto terminó por afectarme. Por eso siempre tengo que estar consciente de que hay cosas que no son las mejores para mí, aunque sean las que más me gusten o me llamen la atención. Incluso aunque me provoquen una sensación de gusto por el riesgo, tengo que ser responsable con ello.

Al no entender qué es lo que pasa, los demás me ven en este estado vulnerable, aunque yo no lo sienta así, y es en ese punto donde muchos han abusado de la situación, por eso me hice muy perceptivo a la forma en cómo me miran o me sienten; es mejor para mí conectarme con mi lado lógico y ser paciente. Esto implica asumir que es mejor no tomar decisiones en el momento, o si voy a tomarlas, que mejor sea por escrito antes de saltar a la realidad. Me tachan de ingenuo o de ser alguien malo e incluso comienzan a repetirlo.

Estas actitudes a mi alrededor con el tiempo crearon a un ser muy lastimado que al llegar a la adolescencia venía colmado de heridas, transformándome en alguien no tan agradable. El ser bipolar me provocó conflictos porque no contaba con la estructura necesaria, no la tenía de adulto y al sumar lo lastimado que me sentía, todo se enredó aún más.

En aquella función de títeres que tanto me apasionó de niño, recuerdo que el personaje que más me llamó la atención era un maestro, quien les enseñaba a los espectadores imaginarios sobre la vida, los guiaba. No recuerdo con claridad la trama de la historia, pero lo que tengo bastante presente es que el viejito estaba dando enseñanzas acerca del cómo y el porqué de las cosas. Era un muñeco muy expresivo que enseñaba con mucha alegría; en el fondo recuerdo haber deseado tener un maestro así. Hablaba con mucha amabilidad, era muy amoroso en su trato, y explicaba las cosas de una manera cariñosa. Tenía una barba de gran sabio, blanca, un cabello abundante, ojos grandes y estaba vestido como abuelito con una camisa de cuadros.

Si pudiera hacer un títere de mi sería: sonriente, con unos ojos medianos, cejas grandes y con unos lentes. Contaría chistes, bailaría y cantaría dando enseñanzas. Comparto lo que yo sé, lo que he vivido, porque siento que a mí me costó más trabajo llegar a donde estoy, y me sigue y seguirá costando porque esto nunca acaba: un día a la vez. Siento que toda esta experiencia puede ayudarles a otros a encontrar su camino. En las diversas etapas de mi vida, de los cuarenta, treinta, quince años, en las cuales hubo muchos cambios, como casarme, decidir tener hijos, cambios de trabajo, proyectos, etc., más los cambios normales psicológicos y físicos que todos viven, puede llegar a ser simple para algunos, pero complejo para alguien como yo. A partir de los treinta y tres años, que fue cuando me diagnosticaron el trastorno bipolar, siempre estuve acompañado del psicólogo, del psiquiatra, porque para mí representa algo más, un esfuerzo mayor. He trabajado en mis emociones, mi alimentación y en mi físico para conocer mis limitantes y llegar a cierto grado de madurez, pues me importa mucho poder aceptarme y aprender a amarme, reconocerme, saber quién soy… Mucha gente me ayudó en este camino, y pude aprovechar lo ya vivido para mejorar y sobrellevar situaciones difíciles que me ponía la vida o la misma bipolaridad junto con mis otros padecimientos.

Yo nací con varias enfermedades y no lo sabía. Aprendí a lidiar con el constante dolor, ya que nací con él. Me llevaron con mil doctores y después de mucho tiempo me diagnosticaron, fue todo un lío. Cuando entraba en crisis era un gran problema, ya que casi toda la solución provenía de medicamentos que no habían sido recetados por un especialista. Tenía una caja llena, enorme, y me automedicaba sin conciencia e ignorancia, pues lo único que deseaba era estar mejor. De una o de otra manera salía adelante con los pocos conocimientos que tenía y con los que iba adquiriendo conforme avanzaba la vida entre doctores y especialistas, que tardaron mucho en dar con mis diagnósticos.

Debido a que me fui conociendo a mí mismo a través de las posibilidades de tratamiento, me comprendí más a nivel emocional. Empecé a distinguir o a reconocer mis momentos de hipomanía, depresión, y al final me convertí en mi propio maestro. Porque no hay nadie mejor que yo mismo para saber a quién recurrir en cada circunstancia, ya sea para distinguir una depresión con dolores o solo diferenciar los dolores de una fibromialgia o disautonomía y recurrir al doctor indicado; o si es necesario que esto lo cubran varios de ellos, ya que son los especialistas. Al final es bueno para mí formar esa red, pues me permite saber en qué momento recurrir a cada quien, y cuando esté perdido, que esa misma red tenga a alguien que me oriente. Tengo claro que en esos momentos de crisis, para no perderme tanto y estar consciente, es importante aceptar la ayuda para que yo pueda elegir, a pesar de mi condición, ya que siempre voy a ser responsable de mí mismo.

La mayoría de la gente, si no es que toda, cree que estos padecimientos que no se ven más bien forman parte de mi actitud o están dentro de mí. Ojalá que hubiera una manifestación externa y evidente en mi cuerpo que mostrara mis dolores, mis cambios químicos en el cerebro, como en una crisis donde me duelen en exceso las articulaciones, tengo dolor de cabeza, mareo, pérdida de memoria, malestar general, acidez, dolores reumáticos, endurecimiento de mis músculos, movimientos involuntarios nocturnos que no me dejan dormir y mucho más… En fin, para que las personas pudieran sentir más empatía y entender en cada caso por qué tengo limitantes en diferentes actividades: un día puedo ser el mejor bateador y otro día no puedo ni levantar un bat. Ciertas discapacidades momentáneas que llego a vivir pueden pasar fácilmente inadvertidas, ya que por fuera me veo genial.

En mi relación laboral también me sucede y puede llegar a ser muy complicado, pues en lo personal no me permito fallas, pero aun así me suceden al exigirme tanto en esta área. Por eso trato de prevenir que cuando ocurra alguna crisis de estas, me encuentre acompañado de mi red y no tome decisiones en ese estado alterado. Claro, esto no justifica para nada el que a veces las cosas no salgan a la perfección, pues todo negocio es un gran riesgo y por eso tomo muchas precauciones al hacer tratos como compras o ventas.

Dolor es mi segundo apellido. Treinta y tres años sin poder descansar como los demás... El día que me explicaron cómo era una vida normal, ¡no lo podía creer! Siempre había pensado que todos tenían lo mismo y aguantaban más, por eso me hice más tolerante al dolor.

Vivir con fibromialgia, TDAH, disautonomía y bipolaridad. ¿Qué significa? Te lo voy a mostrar de una manera diferente, como si todos estos padecimientos fueran tus cartas en la vida, y te guste o no, tu destino fuera jugar con ellas. ¡Echemos las cartas de este póker de mi vida!

Primer juego de cartas: TDAH

Siempre he considerado que mi suerte ganadora proviene del TDAH, porque entendí que así como implicaba algo de negativo, también había un extra de positivo, el cual aprendí a usar a mi favor al máximo.

¿Cómo lo logré? A partir del diagnóstico que me dieron diferentes psicólogos, comencé a tener conciencia de mi comportamiento, el cual yo sabía que no eran normal y me hacía la vida más difícil, pero a la vez descubrí que esta energía extra también me llevaba por caminos extraordinarios. A mis veintiséis años, ya siendo un adulto, decidí ponerle fin a mi frustración al sentirme rechazado, señalado y etiquetado por todo el mundo, lo cual me sucedió desde muy pequeño, pues se quejaban de mí por olvidar las cosas, por mi falta de atención. Era desesperante, ya que no se trataba de algo que yo decidiera plenamente, como, por ejemplo, perderme en mis pensamientos durante una conversación de veinte minutos, o durante una clase entera. Tomé esta decisión porque también había muchos que trabajaban a mi lado, socios, amigos, conocidos, gente con la que hice grandes negocios.

Tengo muy presente una anécdota en la que, durante un desayuno con unos empresarios, me hicieron una afirmación que englobó en cierta medida los procesos interiores que vivía a diario: "Tienes una inteligencia muy extraña, pero es muy eficaz". En aquella reunión estaban muy animados por preguntarme cómo había desarrollado la estrategia para aquel negocio, pues había logrado llevarlo a buen puerto; sin embargo, realmente no sabía cómo responderles, pues en ocasiones incluso para mí era difícil describirlo; así que en su lugar, les contesté: “No sé, a decir verdad, solo lo hago. Nace en mí y simplemente actúo”. Ante la respuesta, vi cómo me miraron, y su expresión me indicó que pensaban que yo me estaba burlando, pero por fortuna, pronto se dieron cuenta de que en verdad no sabía cómo describirlo, y entendían que mi intención era buena, así que dejaron a un lado el tema y seguimos desayunando. Por muchos años más seguí haciendo negocios con ellos, y al final siempre buscaron en mí esa respuesta disruptiva que hacía fluir los negocios. Mis propuestas se enfocaban en soluciones que realmente jamás habrían pensado ellos, o cuando creían que un negocio estaba casi perdido, yo terminaba por sacarlo adelante de una manera triunfal y única.

En definitiva, yo lograba ver las cosas desde una perspectiva que la mayoría no acostumbraba, y combinarla con mi audacia frente a la vida y falta de miedo ante los problemas, me permitía alcanzar el éxito donde otros solo habían podido ver fracaso. Sin embargo, con el tiempo esto mismo me hizo tomar cartas sobre el asunto, pues como soy dueño de mi propia empresa y la principal responsabilidad recae en mí, no era factible que llevara mis negocios al límite todo el tiempo, y por tanto, que hiciera peligrar la estabilidad de aquellos que dependían de mí. Tenía que entrar en conciencia y comenzar a ser alguien capaz de esperar y tomar decisiones más prudentes.

Cada dos o tres años busco mejorar algún aspecto de vida o de mis padecimientos, y eso me impulsa a buscar a algún nuevo doctor, ya que todo cambia, tanto los tratamientos como mi edad y mi cuerpo. Mantener ese bienestar siempre ha sido una constante búsqueda... En mi infancia mi mamá me llevó con algunos psicólogos, pero ninguno atinó en su diagnóstico.

En mi búsqueda de esa prudencia y esa calma que yo quería tener, encontré a un psicólogo que me analizó, platicó conmigo y me comentó: "Alejandro, es muy sencillo lo que tienes, te voy a dar estas pastillas y te veo en un mes, ¿está bien?". Él fue el primero en diagnosticarme con TDAH, lo cual me ayudó, pero no lo suficiente, pues aún faltaba más información sobre el medicamento y más explicaciones sobre los efectos secundarios, riesgos o contraindicaciones, pero en aquella época me lo tomé sin más. Cuando regresé después de un mes, las cosas habían mejorado en cierta medida, y a partir de ahí inicié mi vida de autodescubrimiento de uno de mis padecimientos. En cuanto al tema del TDAH, lo que me interesaba era reflexionar sobre cómo se combinaba con mis proyectos, pues terminaban por convertirse en algo obsesivo para mí; sin embargo, aquellos aspectos que yo quería planear para los demás en realidad podían llegar a ser importantes para ellos. Para el desarrollo de proyectos, estas conductas en apariencia no me ayudarían a ejecutarlos, pero yo encontré la forma de usarlas a mi favor. A pesar de ello, en varias ocasiones los demás consideraron este trastorno una limitante o señal de que viviría un fracaso más, culpando de esta forma a mi padecimiento. Nada más lejano de la realidad, pues este diagnóstico no me define de manera absoluta. Así que a partir de su detección empecé a ver mis defectos como algo más normal, tal como los veía en todos, y entonces aprendí a tomar lo mejor de mi TDAH para compensar mis demás habilidades, ya que sabía que al final lo conseguiría, porque una de mis grandes fortalezas siempre ha sido ser muy perseverante.

Algunos de los factores recurrentes que vivía a diario con TDAH es que podía llegar a hablar mucho sobre el tema que me interesaba durante el día; interrumpía bastante al hablar, lo cual llegaba a ser un problema porque resultaba molesto para las personas con las que hablaba. Lo notaba en los gestos de los demás cuando me ponía súper intenso en alguna plática o broma que les incomodaba; pero en mi interior estaba sucediendo algo distinto, pues yo consideraba que solo se trataba de una broma, y por supuesto que no intentaba lastimar a nadie. También solía gritar al hablar, aunque no lo percibía así hasta que me lo señalaban muchas veces.

En la adolescencia me fue muy bien, todo son risas con los amigos, pero aun así hay momentos en los que no se puede vivir siendo tan imprudente. Podía llegar a ocasionar molestia, ya que hablaba con total franqueza, sin filtro, lo cual me hacía sentirme mal conmigo mismo. Recuerdo que solía decirme, "Yo no quiero ser así, no soy así; fue un impulso de mi cerebro, de mi estómago, pero mi corazón no me dicta así las cosas. Sé que lastimé y me lastimé, todo porque no sé qué me pasa".

Incorporar estos factores en cada etapa de mi crecimiento para mí fue bastante duro, ya que desde muy temprana edad yo sentía que algo estaba "mal" en mí, que estaba más allá de mi comprensión, pero a pesar de ello, yo sabía que era un buen niño, un buen adolescente. Más tarde, cuando finalmente me explicaron en terapia que en realidad sí es común ser así y vivir con esta condición, pude ser consciente de lo que me pasaba y de aquello en lo que tenía que trabajar de mí para poder lograr los cambios que tanto deseaba.

Segundo juego de cartas: fibromialgia

Este diagnóstico me lo dieron varios reumatólogos, a los cuales consulté por recomendación de neurólogos.

Los reumatólogos identificaron en mí los llamados *dolores gatillo* en hombros, cuello y piernas, así como contracturas musculares. Debido a la alta energía que siento y las múltiples actividades físicas que me gusta hacer, como jugar golf, me lesiono rápido y pierdo fuerza debido a que puedo llegar a excederme. Por ejemplo, después de mis salidas (y no justifico mi mal juego, ja, ja), despierto con músculos contracturados sin aparente razón, o a veces hasta lesiones más graves. A eso hay que agregar el síntoma particular de cansancio muscular durante la noche, más la deshidratación a causa del sol debido a la disautonomía (de la cual hablaré más adelante). Estos factores hacen un poco complicado disfrutar del juego, mas no imposible, ya que esta es un deporte que requiere mucha concentración y un estado físico sano. Por ello, mi deseo de seguir practicando golf me invita a administrar mi actividad, para asumir la realidad tal cual es, y no con desánimo y un poco de fatalismo por aquellos días en que requiero limitarme para no herirme. Entonces hago a un lado pensamientos intrusivos y autoflagelantes, como pensar en todo aquello que invertí, los palos de golf, la ropa, las pelotas, el equipo, que son bastante costosos en general, más las horas de práctica. Podría renunciar, pero en lugar de ello aprendí a ser paciente y a escuchar las necesidades de mi propio cuerpo, a darle tiempo, pues a veces se podrá y otras no, pero, sobre todo, tomo en cuenta lo fundamental que es evitar rebasarme, anteponiendo mi salud, mi familia y haciéndome responsable al respecto. Es posible realizar actividades de este tipo siempre y cuando seamos conscientes de nuestros procesos, créanme.

Por otro lado, también es importante discernir cuándo una actividad en particular nos viene bien, y cuándo empieza a generar graves estragos en nuestra vida, aunque la practiquemos poco o de forma esporádica. Por ejemplo, durante un tiempo practiqué box, y solía lesionarme mucho porque al ser un deporte de alto impacto, exige mucho en cuanto a condición física, muscular y habilidades. Hacía *sparring* (entrenamientos) todos los sábados. Una de mis grandiosas ideas fue empezar esto como un *hobby*, pero más adelante lo convertí en un solo objetivo: tener una pelea profesional.

Practicar era algo maravilloso que me llenaba mucho, me permitía visitar diferentes gimnasios de la ciudad, ver *sparrings* de otros compañeros, acabar muerto de sudor tirado sobre la lona después de recibir dos o tres golpes y también haber conectado alguno, reír con el compañero con el que practicaba, quitarme las vendas mientras me temblaban las manos y las piernas, quitarme el protector de dientes, en fin, me hacía sentir al mil.

Pero al cabo de un tiempo empecé a darme cuenta de que algo me estaba frenando, que me detenía abruptamente. ¿Qué había pasado? Si yo estaba en manos de especialistas como mi endocrinólogo, nutriólogo y mis fisioterapeutas; si se supone que estaba haciéndolo de una manera responsable como nunca lo había hecho… "¿¡Por qué estoy perdiendo fuerza en lugar de ganarla!? ¿Estoy deprimido?", pensaba. Pero no: se trataba de la fibromialgia.

Esta condición comenzó a frenarme de forma abrupta, iniciaron dolores en el cuerpo, en las articulaciones, como si estuviera deshidratado; todo me daba vueltas. Durante el día estaba cansado, y cuando despertaba tenía el cuello contracturado, me dolía todo, los pies, las piernas y los brazos, tenía la visión borrosa y al dormir en realidad no descansaba. Ni siquiera los medicamentos o la fisioterapia mitigaban el malestar.

¿Qué era entonces lo que me pasaba? Ya había sentido el cansancio de entrenar tres horas al día, sabía perfectamente lo que era estar contracturado por el ejercicio, sabía qué alimentos podían bajar mi rendimiento, evitaba abusar del ejercicio, no descansar adecuadamente, no fumaba ni tomaba alcohol. Todo lo tenía aparentemente bajo control, pero aun así, lo que me frenaba no era el entrenamiento en sí.

Cuando recurrí a los especialistas me solicitaron estudios de sangre, me revisaron de pies a cabeza, y extrañamente todo salió en orden e incluso aún mejor de lo que esperaban. Fue un gran recorrido el que hice entre especialistas y diagnósticos, y en más de una ocasión me dieron opiniones equivocadas y alarmistas.

No es fácil entender la fibromialgia. Al final comprendí tal vez no podría ser posible comprenderla por completo, pero sí resulta importante aprender a escucharla, a saber qué es lo que necesita mi cuerpo en este estado, a posponer por un periodo largo o corto muchas de mis actividades, o incluso cancelar en último momento compromisos importantes, pues lo primordial ha sido asumir que yo estoy primero.

Enfrentar este padecimiento con mal carácter, con mala actitud, lo empeora todo, pues requiere mucho de mí; por eso, dejarme caer por completo no es una opción, pues me afecta mucho más. A lo largo de los años he buscado enfrentar la fibromialgia con la calma que requiere, y esto sorprendentemente me ha hecho más fuerte a nivel mental.

Mi hermano un día me dijo: "Así es la vida, hay cosas que no podrás cambiar, pero sí mejorar". Lo que me ayuda mucho es no quedarme sin hacer, aunque sea, un poco de ejercicio, pues a pesar del dolor logré encontrar un punto medio entre el exceso y la nula actividad. Cuando vienen estas crisis, hacer rutinas de estiramiento me ha ayudado mucho.

La fibromialgia aparece en momentos tan inesperados como en un episodio de en hipomanía o en un estado depresivo. Así que lo más saludable para mí ha sido aceptar mi condición.

Al principio la mente juega un papel muy importante, pues se obstina en repetir una y otra vez la misma idea: No nos gusta vivir con esas dificultades. sin embargo, son tantas mis ganas de seguir divirtiéndome en la vida y amo por igual hacer ejercicio, que la parte más fuerte de mi trabajo personal ahora es tranquilizar mi mente para avisarle a mi cuerpo que necesitamos trabajar juntos: cuerpo, espíritu y alma a través den una armonía psicológica y física.

Un episodio depresivo combinado con la fibromialgia puede llegar a ser aún más complicado de sobrellevar a nivel mental, ya que emocionalmente, empiezan a surgirme pensamientos del tipo: "No lo hagas, para, deja todo, come mal", pero siempre busco no rendirme.

Finalmente acepté que los ejercicios de alto impacto no siempre son benéficos para mí, así que los retomo cada vez que puedo y que me encuentro en mejores condiciones; luego los dejo para evitar caer de nueva cuenta, y una vez más busco acercarme con medida.

Tercer juego de cartas: disautonomía

La disautonomía me lleva a un estado de malestar cuando viajo, ya que tardó mucho en adecuarme a los cambios de altura. Por ejemplo, levantarme de una silla rápidamente, subir a una azotea, viajar en una carretera o volar en un avión me trae mareos, sudor frío, zumbidos en los oídos, cambios de temperatura abruptos y malestar general. El mareo no acaba ni en un día entero, se tapan mis oídos y el zumbido es persistente.

En un día normal, me mareo al querer levantarme de un salto, siento que me voy a desmayar, pero al final no llega a suceder, solo se mantiene la sensación. Este tipo de malestares es común en mí. El hecho de pararme de una silla rápidamente y marearme o estar por mucho tiempo sentado me genera incomodidad hasta preguntarme: "¿Qué pasa?" Al sentirme mareado busco acostarme en el suelo, un hábito que los demás veían mal, ya que lo hacía en cualquier lugar que me pasara. Acostarme en la frescura del suelo regresa a mi cuerpo a la normalidad. Antes de saber de qué se trataba en realidad, no sabía expresar cómo me sentía, solo encontré la forma de seguir adelante y punto.

Un día mi mamá me tocó la mano y me dijo extrañada: "La mitad de tu mano está helada, pero la otra mitad no", a lo cual le respondí: "Sí, siempre me pasa". En aquel momento simplemente lo consideramos algo un tanto raro, pero nada más, y nos reímos. A pesar de la lista de sensaciones y malestares que representa, de todos los padecimientos que tengo, este ha sido el más llevadero, por así decirlo.

Cuando empezó a suceder con mayor frecuencia, pensé que tomar las pastillas habituales mejoraría esta situación. Mil dudas pasaron por mi mente, pero el día en que por fin dieron con el diagnóstico, me dejó en *shock* saber por fin su nombre: se trataba de disautonomía. Al principio no entendía nada, además los médicos tardaron en dar con la respuesta, ya que por mi edad y mi sexo no es normal padecerlo.

Una de las cosas más extrañas que me produce es cuando estoy mucho rato sentado y de pronto veo cómo se va la luz por segundos. Al principio les preguntaba a quienes me acompañaban:

"¿Vieron? Se fue la luz. ¿Ustedes también lo ven?". Pero mis amigos y familiares solo se reían, y contestaban: "Lo que pasa es que tienes sueño", o algo por el estilo, pero no me creían. Siempre me respondían con una broma, no lo tomaban en serio; entonces yo hacía lo mismo: "Si tanto me dicen que exagero, entonces todo debe estar bien".

Debido a mis antecedentes, terminé convencido de que era posible que no fuera real, sino producto de mi ansiedad, pero cuando pasó con mayor frecuencia, supe que no era normal. Jamás me llegué a desmayar, aunque sí me produce adormilamiento en los momentos más inoportunos. Por ejemplo, me quedo dormido en muchos lugares, como cuando espero en un semáforo para cruzar, dando una presentación, etcétera. Estos episodios han llegado a tal grado, que recuerdo una vez haber tenido un accidente con mi hermano; me dijo: "Detenme este café, está hirviendo, Alejandro, concéntrate". No obstante, al segundo me quedé dormido y se me cayó todo encima.

Para ser honesto, nunca tomé este padecimiento tan en serio. Normalmente, en lugares o eventos en que tengo que estar sentado por mucho tiempo me vienen los mareos y ansiedad, pues necesito estar en constante movimiento. Hoy en día soy más consciente de mi condición, y cuando debo mantenerme sentado o parado por mucho tiempo en alguna fila o en algún evento, sé que yo soy responsable de lo que puedo hacer y de lo que no, así que me tranquilizo, busco relajarme y cuando me siento mejor, me pongo en marcha para lo que sigue. Ahora sé que puedo detenerme si es necesario, y está bien. A fin de cuentas, mi aliado el piso siempre está en todas partes.

Cuando empecé a presentar estos síntomas y a externarlo con mis vínculos cercanos, ¿quiénes realmente me etiquetaron en lugar de comprenderme? La familia, los "amigos", maestros y la sociedad que me rodeaba en aquel tiempo dieron falsos diagnósticos y valoraron mis actitudes de forma superficial; sus opiniones no correspondían con lo que realmente yo tenía. Y en este sentido, cayeron en un gran error: confundieron mis otros diagnósticos con quién soy en realidad.

En varias ocasiones me dijeron que no podría caminar sin uso de aparatos de apoyo; "tienes la columna chueca" fue una de las valoraciones médicas que me hicieron cuando era niño. Me quisieron operar los pies, limar el talón. Querían operar mi espalda. Hubo doctores que quisieron tratarlo como depresión sin siquiera ser especialistas en el tema; ellos desconocían los cambios y riesgos que podían provocar en mí ciertos medicamentos al ser bipolar, y terminaron por engañarse con su soberbia intelectual en lugar de orientarme para que acudiera con el psiquiatra, el especialista que comprendía a fondo el problema, pues probablemente yo estaba combinando con un episodio depresivo con la disautonomía.

Hoy me doy cuenta de que mi verdadero reto no ha sido afrontar ninguna de esas etiquetas, sino aceptarme y elegir lo mejor para mí, para estar bien día a día. Con la misma falta de conocimiento incluso llegaron a un extremo de darme un diagnóstico de cáncer en el estómago y un tumor en el cerebro. Además, un reumatólogo "identificó" en mí una "enfermedad terrible y sin cura". Cuando escuchaba estos veredictos, mis oídos se cimbraban y era inevitable sentir aflicción ante el futuro.

¿Cómo intentaron curarme? Con operaciones que, si lo hubiese permitido, no habrían hecho ningún cambio. Con limpias. Con medicamentos que llegaron a afectar mi estado físico, pues no todos los tratamientos acertaron. Con terapia psicológica, terapias físicas, ejercicio, alimentación, con tratamientos mágicos. En fin, la lista fue tan larga como el camino para encontrar la solución. Sin embargo, con los años logré estabilizar esta enfermedad con los tratamientos adecuados que corresponden con lo que realmente tengo.

Desde que tuve consciencia de mí mismo durante mis primeros años de vida, comenzaron a apilarse las etiquetas que los demás veían en mí de forma subjetiva debido a su incomprensión. Recuerdo de pequeño haber escuchado que se referían a mí como "apático", "flojo", "sin ganas", "no participa", "no trae lo que se pide", "problemático", "distrae a los demás", "violento", "irresponsable", "inquieto".

Tengo un fuego interior que ha sido un gran regalo para mí siempre. Creo que todos lo tienen, solo que está en silencio o en menor intensidad.

En mi caso, está en mi corazón, dentro de mí, lo siento aun cuando estoy en calma. Con nada se apaga y cada día crece más. Su presencia me llevó a mantener una búsqueda para hallar las mejores herramientas que beneficien mi salud mental, física, psicológica y espiritual, así como mi relación con los demás, para comprender cómo ayudarlos, ya que, si bien poseo esta magia, ¿cómo puedo mejorarla? ¿Cómo puedo aprender más de ella? ¿Cómo explotarla al máximo y compartir sus resultados positivos con los demás?

Esto realmente me llevó lejos, tanto que toqué fondo, pero como dicen, no puedes hacer un *omelette* sin romper el huevo, y eso fue lo que me pasó.

Quiero compartirte todo lo que estudié y aprendí en el transcurso de este viaje de búsqueda. Así podrás comprender la razón por la cual lo hice. Ese fuego no motivó mi búsqueda, pues es parte de mí y siempre consideré que su función era ayudar a los demás. Sin embargo, jamás imaginé que al que terminaría ayudando sería a mí mismo. ¡Eso valió todo!

A mis veintiún años estudié y tomé cursos de I Ching, gnosis, quiromancia, psicomagia, limpias, lecturas, masones, y cuanto sistema de pensamiento trascendental se me cruzara. En fin, el recorrido que hice en esa búsqueda estoy seguro de que podría parecer fantástico y te generaría muchas preguntas, pero lo que más quiero compartirte es la forma en cómo me ayudo a mí a tomar decisiones y acciones para vivir justo como yo quería, considerando mi bien y el de los demás de vital importancia.

Si bien esta indagación en las artes mágicas fue, como comenté en capítulos anteriores, una etapa algo confusa para mí, principalmente porque los lapsos en que los trastornos alteraban mi percepción se confundían con auténticos vínculos con lo divino, hubo una revelación fundamental que toda búsqueda filosófica y espiritual tiene como principio: el ser conscientes de nuestra existencia y el amor propio que desarrollamos. En aquel tiempo mi esposa, muy sabiamente, me dijo al respecto: "Antes de emprender esta búsqueda, toma en cuenta que lo que buscas realmente está dentro de ti, pero te apoyo". Al final ella siempre tuvo la razón.

Capítulo 2

El trueno que encendió el fuego en mí

Este soy yo despertando una mañana muy feliz: estoy lleno de energía, muy inquieto, quiero jugar, correr, hacer cosas arriesgadas, todo se puede. La etapa donde me sube a tope la energía por el trastorno bipolar es una etapa increíble a la que llamo "Cuando el fuego despierta en mí". Si estoy bajo su influjo, soy más sensible, me hago muy hábil, consigo lo que me propongo, invento cosas geniales, me convierto en un volcán de creatividad. No es por presumir, pero este superpoder es un gran regalo para mí; sin embargo, si lo manejo mal puedo hacer cosas no tan razonables y perderme en el intento. Entonces, ¿cómo no caer? Durante esta etapa siento que puedo lograrlo todo; sin embargo, a veces es posible y en otras ocasiones no, como un subibaja. Con los demás suelo cuidar mi vínculo cuando me encuentro en este estado, pues mi entusiasmo por completar objetivos puede que llegue a saturarlos más de lo que debería, ya que no suelen estar acostumbrados a ocupar tanta energía en su vida diaria, así que intento no hacerlos sentir rebasados, sino por el contrario, busco que disfrutemos el hecho de alcanzar una meta juntos de forma positiva y a un ritmo que los haga sentir a gusto.

Con la edad desarrollé un entendimiento mayor sobre la vida. Mi mente, junto con el conocimiento que adquirí al estudiar varias disciplinas y saberes, me hizo crecer de tal manera que pude entender que las condiciones con las que vivo también me permitirían desarrollar talentos que transformarían mi existencia. Lo importante es que hubo un despertar en mí, el trueno encendió un fuego en mi interior que me dio la energía necesaria para iniciar grandes proyectos.

Cuando descubrí que mi genio había despertado, tal como en el cuento de la lámpara maravillosa, pedí y mis deseos fueron concedidos; obviamente no de forma literal, pero sí gracias a un sinfín de acciones y estrategias que me ayudaron a llevar a cabo cada proyecto y tratar de culminarlo con éxito, tanto en crecimiento personal, como económico y profesional. Fue en esa época cuando lo mejor llegó al entender cómo funcionaba mi genio. Después de este esfuerzo que requirió mucha de mi introspección para desarrollar mi aprendizaje, por fin comprendí la frase "Lo que crees, lo creas".

En este proceso, me ocupé de ordenar mi mente con perseverancia y paciencia. Desde siempre fui consciente de que tenía una forma de ser fuera de lo común, así que mi fórmula se basó en unir mi personalidad con todo el trabajo que realizaba conmigo mismo; el resultado fue que mi día a día se convirtió en un gran regalo. También tuve que reconstruir con desapego y humildad lo que sabía hasta el momento, lo cual me permitió moldear una nueva forma de ver la vida y de vivirla bajo mis condiciones.

Por otro lado, empecé a priorizar mucho aquella información con la que alimentaba mi mente, así que me di a la tarea de comenzar a administrar dicho conocimiento, de tal forma que este influyera de manera positiva en mi camino, lo cual implicaba discernir qué libros, películas, contenidos, pláticas y experiencias con la familia, amigos, socios, trabajadores, etc., elegiría para ese propósito. Yo pienso que los demás también pueden hacer lo mismo al elegir con qué nutren sus propias virtudes, para así descubrir sus habilidades y encender ese fuego.

Antes de comenzar a buscar el cambio, mi mente vivía en un constante desorden, como un cuarto donde encuentras ropa tirada, papeles desordenados, muebles que no tienen lugar y suciedad, hasta que decidí arreglar este espacio de mi mente. Lo que no servía, para afuera, y lo que se quedaba, que valiera la pena. Esto me ayudó a tener una mejor salud mental, y así, día a día, cuidar este orden, esta limpieza.

Aprendí sobre esta depuración mental en una etapa importante de mi vida, la adolescencia, y mi mayor lección fue entender cómo ese fuego encendido puede ser algo fascinante si sabes ordenarlo. Hubo momentos en que las cosas no estaban bien en mí, eventos que causaron la búsqueda de querer ordenar mi vida, y para ello, quiero contarte uno de ellos.

Una mañana de mi adolescencia, al despertar me di cuenta de que el sol no brillaba igual que siempre; hacía calor, pero tenía frío… algo sentía de distinto en el ambiente. Me dolían las articulaciones, y cada vez que pisaba sentía como si tuviera un clavo en los talones. Mi espalda baja me dolía mucho, no quería saber nada. Me preparé para la escuela, pero la ropa ya no tenía el mismo brillo. Esa camisa que me ponía, que tanto me gustaba por su rojo intenso ya no era tan llamativa. Ya no me gustaba, pensaba que ya debía tirarla; los pantalones tampoco me quedaban igual. ¿Engordé? Con el intestino inflamado, me fui a la escuela. Las risas, los gritos me causaban malestar. Estaba muy desesperado, tenía mucho sueño, pero las horas pasaban muy lento. De pronto, me quedé dormido…

El profesor me llamó la atención, pero en ese momento cambió mi actitud, y ya nada me importaba. Mi carácter era pésimo, pues no respondí, solo me salí, y en cuanto lo hice el maestro me gritó: "Te reportaré, ve con el director". Así que fue lentamente, cuando volví a escuchar otro grito suyo: "¡Rápido¡ ¡Como si te preocupara!".

Ignoré al maestro, llegué con el director y le pedí un formato de reporte. Me preguntó qué había hecho, pero le contesté que no era para mí, que me habían mandado a pedirlo; confió en mí y me lo entregó. Hice tiempo antes de regresar a mi salón, subí las escaleras una por una, conté los azulejos de los muros y los pasos. Al pasar por el salón donde siempre estaba la niña que me gustaba, de pronto dejó de llamarme la atención; ella no sonrió, así que tampoco hice ninguna payasada de las que solía hacer para atraer su atención. Mis amigos pensaban que estaba bromeando, así que me aventaron un cigarro y me gritaron desde la ventana: "¿Traes encendedor?". Lo recogí y lo prendí. Bajé y me fui fumando, aunque no lo permitían, pero era tanta mi apatía que preferí fumarlo en el pasillo mientras todos me veían. Por suerte ningún maestro me descubrió. De vuelta al salón, me gritó el maestro: "¡El reporte!". Para entonces, ya había tirado el cigarro, así que se lo entregué con la peor actitud. "No me importa si me corres" le dije, y me salí de inmediato. Él me alcanzó a mitad del pasillo: "¡Del Castillo!", insistió.

Tanta fue su desesperación que me pegó en una oreja, lo cual me dejó con un zumbido, no fue tanto el dolor de la cachetada, sino que me dejó bastante molesto; el maestro tuvo suerte, pues nadie lo vio agredirme. ¡Quería matarlo! Irme a golpes contra él, pero tenía tanta apatía que decidí darme la vuelta, regresar a donde estaba mi amigo, pedir otro cigarro y salir al baño para fumármelo. Tranquilicé mi rabia golpeando el espejo del baño hasta romperlo, y empecé a golpear los muros y las puertas también. Por fin me sentí más calmado y seguí fumando mi cigarro. Pero mi mala suerte volvió cuando a mis espaldas escuché: "¿Qué hace, Del Castillo?". Al voltear, lleno de ira y temblando, vi en el marco de la puerta al subdirector de la escuela. Creo que notó de inmediato mi pérdida de razón; en ese momento podría haberle explicado por qué me encontraba en esa situación, pero fue tanta mi apatía que decidí darle una bocanada más al cigarro y echarle el humo en la cara. Al verme, me miró con extraña curiosidad, y yo lancé con cinismo el cigarro hacia el área de retretes. Entonces me dijo: "Le voy a proponer un trato, Del Castillo. Si ese cigarro cayó dentro del excusado, le voy a invitar una torta y un refresco, pero todos los días voy a pasar por usted a su casa a las cinco y media de la mañana, me va a ayudar a abrir la escuela y va a correr siete vueltas a las canchas, y si no, lo expulso del colegio". Para ese momento era mi mejor trato, ya no tenía nada que perder. "El trato es de caballeros", me dijo.

En ese instante entró un alumno, pero lo corrió de inmediato: "¡Salte! Que Del Castillo tiene que limpiar primero". Puerta por puerta, fuimos abriendo. La probabilidad de que hubiera caído en un excusado era mínima, pero no imposible. Aquel año había sido muy complicado para mí, pues ya había pasado por varios ciclos de manía e hipomanía, pero a esa edad aún no sabía reconocerlas. Estos episodios también me ayudaron en mi creatividad y entusiasmo, pero primero me hicieron meterme en muchos problemas y peleas. Puerta uno, abrió y nada. Dos, nada, tres, nada, cuatro, nada, pero al abrir la quinta encontramos un cigarro flotando en el retrete. Entonces me dijo: "No sé si es ese, es mucha suerte, Del Castillo, pero soy hombre de palabra, y para mí es ese. Vaya a correr".

Al terminar, me llevó un algodón con alcohol para olerlo y calmarme. Luego regresé a correr, más por el trato que habíamos hecho que por la energía que él pensaba que yo necesitaba sacar, pero en realidad yo seguía apático, no tenía energía que descargar. Concluí y le expliqué todo lo que había sucedido en realidad; su reacción fue de empatía hacia mí, y coraje hacia el maestro, lo vi en sus ojos, porque solo escuchó en silencio.

Al día siguiente pasó por mí, y como le prometí, yo ya estaba listo a la hora indicada en la esquina de mi casa. Era un lugar no tan seguro, y por supuesto que mi mamá me preguntó por qué estaba haciendo eso. Le dije: “Es para ganar puntos en una materia”. Casi después de que subí a su auto, el director sintonizó el himno nacional, que si mal no recuerdo, se escuchaba a las seis de la mañana en el radio; lo cantamos, y por más deprimido que me sentía, cumplí con el pacto. Mi padre me inyectó en la sangre que la palabra lo es todo, lo que hacía valer mi compromiso, así que tenía que hacer sentir orgulloso a mi padre por sus enseñanzas, aunque él ni por enterado. Así que abrimos la escuela por las mañanas durante un mes.

Por fin, un buen día, me mandó hablar el director; en su oficina estaba el maestro por el que había comenzado todo el conflicto, y nos puso cara a cara. Yo lo quería moler a golpes, solo pensaba qué hacer para llevarlo al piso. Sin embargo, contrario a lo que imaginé inicialmente, me ofreció una disculpa, lo cual me rompió por dentro. En esos tiempos yo estaba en una crisis depresiva que se hacía más profunda por la falta de empatía de mi entorno, y por ello, que un adulto me protegiera y otro me ofreciera disculpas por haberme violentado me hizo caer en llanto. Ya no quería golpearlo, solo quería llorar y llorar. Salí de ahí perdiendo la noción de lo que había pasado. Solo quería llorar y que nadie me viera. Con el tiempo perdoné a mi maestro, y al ver sus ojos meses más tarde, comprendí que aquel día había visto al verdadero joven que estaba dentro de mí, lo cual lo hizo empatizar conmigo el resto del año.

Así fue como una de tantas veces aprendí a leer a través de los ojos de los demás. Me volví un experto en leer emociones y expresiones, conductas. Una depresión que me hacía mal terminó siendo el camino que hizo vincularme con el mejor maestro que tuve en la secundaria, quien regaló estas extraordinarias habilidades y conocimientos que sigo atesorando hoy.

Respecto a mis emociones, al pasar las semanas dejé de salir los fines, llegaba el viernes y lo único que quería era dormir. Lo hacía en todos lados, me sentía muy cansado. Al respecto, mi mamá y mi papá se molestaban mucho: "¡¿Por qué tan apático?! Alguien de tu edad no debería dormir tanto, ¡salte a la calle, aunque sea a caminar!". En el trabajo también me quedaba dormido, y dejó de interesarme mi desempeño. Dejé de utilizar mi estéreo, solo tenía en mente llegar a ese sillón café que tenía una tela muy fresca para tirarme y hacer introspección en silencio sobre el daño que me causaba la vida.

Empecé a vestirme todo de negro, y siempre usaba una playera de Nirvana que detrás tenía una leyenda enorme que decía: "I hate myself and I want to die". Aumenté mi consumo de cigarro, y para evitar más llamados de atención de mis padres, comencé a salirme a la calle.

Una tarde estaba sentado en una banqueta, cuando llegó un pandillero que quería robarme.

Me dijo: "Saca lo que traes y la gorra", a lo que contesté: "Me da igual, si quieres aquí lo arreglamos, como tú gustes; si me la quitas ya no hay vuelta atrás". Sonrió y me amenazó con un tono agresivo. Pero en lugar de seguir hablando con él, en mi mente empecé a escuchar música, era una canción del grupo Maná que me hacía sentir mucha melancolía. Me desconecté casi por completo, se me llenaron los ojos de lágrimas y, sin más, me arrebató mis cosas y se marchó.

En aquel tiempo caminaba mucho porque no tenía carro, y menos para el camión. Como de costumbre, un día en que me sentía deprimido caminé bastante, alrededor de tres horas, hasta llegar a una colonia donde las casas eran muy grandes y elegantes. Me senté en la calle y bajo un árbol prendí un cigarro Alitas sin filtro; a los pocos minutos salió un señor de su casa y me dijo: "¿Qué se te ofrece?". No contesté. Observó de pies a cabeza mi aspecto, yo iba vestido todo de negro, con unas botas de casquillo; mi aspecto era un tanto lúgubre. El hombre regresó extrañado y desconfiado a su casa, y a los tres minutos unos policías ya estaban subiéndome a su patrulla. Cuando me abordaron, me preguntaron qué hacía allí, si estaba esperando entrar a esa casa o cuál era mi intención, pero no busqué resistirme de ninguna forma. Sentía tanta apatía por responder, que pronto se dieron cuenta de que yo no representaba un peligro, así que me pasearon por un largo rato hasta que me bajaron muy lejos de donde me encontraron.

Por fortuna, conocía aquellos rumbos, así que pedí monedas a los transeúntes, y cuando obtuve lo necesario me dirigí hacia mi casa. Durante el trayecto en el autobús, sentí cómo una persona se acercó, una vez más con la intención de robarme. Creo que fue mi actitud de total pasividad lo que llamó su atención. Al acercarse, comenzó a intimidarme: "Me gustan tus botas; qué tipo de cartera usas, quiero verla, no creo que vayas muy lejos de aquí", a lo que respondí: "Pedí dinero para subirme, ya no tengo nada valioso que puedas llevarte". El tipo, confundido por mi semblante indiferente, pareció aceptar con resignación lo que le decía y simplemente me dejó en paz. Por situaciones como esta poco a poco comencé a desarrollar la habilidad de mantenerme alerta aun a pesar de mis estados.

Cuando bajé del camión, ya era de noche, tenía frío y mi casa aún quedaba a una hora corriendo. En aquel tiempo hacía todos mis trayectos de noche corriendo, ya no caminaba, pues sabía muy bien que podría peligrar al atravesar esas colonias. En uno de los puentes peatonales que debía cruzar me di cuenta de que ya me estaban esperando en una esquina dos ladrones más. Así que hui tan rápido que no lograron alcanzarme, y jamás lo hicieron en las múltiples veces que viví una situación similar. Siento que nadie tenía esa potencia que me daba la explosión de energía cuando la requería.

Al llegar a casa sudando, cansado, sin hambre, solo quería volver a dormir. Antes de entrar, prendí un cigarro más, lo disfruté mucho y al voltear al cielo, me dije: "¿Por qué yo?, ¡carajo! ¿Para qué me quieres aquí? No me gusta verme ni sentirme como en estos momentos". Solo venía a mi mente todo lo malo de las personas, de la vida, las carencias de mi familia, las preocupaciones de mis padres. Sentía que todo era mi culpa y que la vida sería mejor para ellos sin mí. Aseguraba que eso era lo que pensaban, a pesar de que nadie me lo dijera. Al entrar a mi habitación me vi al espejo y me dije: "¡Para qué estás aquí! Crees que mereces estar aquí. Te hubieras peleado en ese autobús. ¡Ni siquiera para eso sirves!".

Sin embargo, siempre es importante recordar que nada es para siempre, y después de aquellos días tan oscuros, el sol empezó a brillar de nuevo en mi vida. Al ver esa playera de Nirvana, la cadena que me gustaba usar y mis botas con casquillos, de pronto decidí guardarlas. La playera no la volví a ver jamás, y siempre pensé que esa había sido una señal espiritual para no usar más ese tipo de ropa, pues no ayudaba a mi estado de ánimo. Fue mi favorita por un buen tiempo, pero ese día dejó de serlo más.

Decidí alistarme, así que busqué unos zapatos distintos, otra camisa, mi perfume, y entonces volvió a pasar: sentí cómo esa energía resurgió en mí, una vez más. El cambio de estado tras aquella experiencia melancólica pronto rindió frutos en mis reflexiones, y comencé a tener conciencia de cómo me relacionaba con las personas en un estado u otro. Renové mi forma de interactuar con la gente a mi alrededor y comencé a sentir el deseo de afrontar mi soledad según el estado en el que me encontrara.

La energía que corre dentro mío es como un rayo que me muestra con su luz dos escenarios: en uno puedo actuar bien y en el otro mal, lo cual me permite usar mi conciencia para responsabilizarme de mi decisión. Para mí es importante aceptar lo que experimentaré al transitar de un estado a otro. Así como las estaciones del año, yo fluctúo de la misma manera: a veces hay sol, a veces es más frío, a veces solo hay aire y polvo, en ocasiones se me caen las hojas, mas un buen día regresa la primavera. Y con ella, viene la parte más fabulosa, pero ¡ojo!, con mucho cuidado. Sé que durante mis lapsos primaverales voy a poder hacer muchas cosas. En esta etapa me gusta jugar, ser más creativo, soy alegre, los colores son más intensos, los aromas, el lugar donde vivo es inmensamente hermoso, la familia y amigos son lo mejor de la vida.

¡Muy bien! Llegó el momento que más disfruto de mis estados más altos de energía, pero también es fundamental que durante esta etapa sepa reconocer que puedo orillarme a situaciones de riesgo debido al exceso de energía. Como ejemplo de las estrategias que me permiten reconocer los diferentes estados en mí, comencé a escribir una guía de mis emociones y síntomas, lo cual me ayuda a que en la próxima ocasión recuerde con mayor facilidad qué riegos puedo presentar en cuanto a mi salud, en lo sexual, lo afectivo y en lo profesional. Así, esta etapa de tanta energía resulta inofensiva para mí y me permite evitar consecuencias negativas en mi trabajo, con mi familia, amistades o hasta conmigo mismo.

Recuerdo que, durante una etapa de hipomanía, cuando tenía veinticuatro años, una vez decidí comprar dos caballos que no necesitaba en absoluto, y menos tenía dónde resguardarlos ni cómo mantenerlos. Siempre había sido uno de mis sueños poder tener mis propios caballos, pero del sueño a la realidad en tan solo unos días y sin meditar más que mi deseo, la elección se convirtió en toda una aventura, desde buscar los caballos y escoger aquellos que me hicieran sentir cómodo con su personalidad, parecida a la mía, hasta montarme en uno de ellos que aún no estaba castrado, lo cual es peligroso porque suelen ser muy ariscos y pueden llegar a desbocarse al mínimo susto por falta de entrenamiento. Sin saber lo anterior, lo monté y me lo llevé al cerro; reparaba y relinchaba muchísimo, era muy inquieto, pero a pesar del peligro, me gustó bastante su personalidad. Así que me quedé con ese caballo debido a la gran conexión que sentí desde el inicio.

El segundo llegó al cabo de unas semanas, y lo escogí pensando en obsequiárselo a mi hermano, pues sería quien me acompañaría en estas aventuras. Entonces me dispuse a buscarles un lugar. Ahora tenía que encargarme de llevarles alfalfa todos los días, así como darles los cuidados necesarios, que son muchos, como ensillarlos para adiestrarlos y que siguieran aprendiendo. Me tomaba media hora cargar la alfalfa y descargarla en el lugar. Luego revisaba a los caballos y buscaba al vaquero que los cuidaba, lo cual me tomaba hasta cuarenta minutos de caminata recorriendo el cerro para encontrarlo, y finalmente, había que cepillarlos.

Los caballos, como cualquier otro animal, tienen su propio temperamento, y el mío en una ocasión llegó a morderme debajo del glúteo, de tal manera que me dañó un músculo. Ese día estaban presentes seis vaqueros y mi esposa, y cuando se dieron cuenta, me dijeron: "Bájate el pantalón para revisarte", a lo que contesté: "No, para qué, no me dolió"; sin embargo, había sido lo más doloroso que había experimentado en mi vida. Salí de ahí caminando como el buen vaquero que era, pero en realidad estaba empapado de sudor por el sufrimiento. Mi esposa quiso convencerme de que fuéramos al médico, pero me negué y le aseguré que pronto mejoraría por mi cuenta. Esa primera noche no dormí por el dolor, pero por fortuna, al cabo de un largo mes dejó de molestarme.

Mientras transcurrió este episodio de gran energía, para mí todo había sucedido con total normalidad, pero cuando concluyó, consideré que no tendría que haber comprado los caballos y, por el contrario, habría sido mejor comenzar rentándolos o pidiéndolos prestados; qué fácil hubiera sido comprender todas las implicaciones que había de por medio antes de comprometerme con tan gran responsabilidad; sin embargo, lo hecho, hecho estaba, y debía tomar cartas sobre el asunto.

La lección que más tarde entendí es que corrí muchos riegos con estas decisiones, pues prácticamente me convertí en un vaquero profesional por cuenta propia; aprendí arriesgándome a peligros que no vislumbraba, como montar a caballo sin siquiera saber hacerlo, sin escuela ni instrucción.

En una ocasión, durante una cabalgata que hice con unos vaqueros que apenas conocía, decidimos subir a unas montañas con barrancos. A mitad de camino, mi caballo apenas podía cruzar los estrechos pasos que nos íbamos encontrando, y comencé a percibir el miedo que él sentía, pero aun así seguimos adelante. De pronto, empezó a llover y uno de los vaqueros dijo que ya era suficiente, había que bajar, pero el resto insistió en que debíamos terminar, por lo cual seguimos adelante.

En nuestro camino nos encontramos con un tramo escarpado y colmado de piedras bastante grandes que con la lluvia se hicieron resbaladizas, y como era de esperarse, mi caballo terminó patinándose entre ellas y ambos nos caímos al suelo. Estábamos atrapados a la orilla del barranco, y cuando vi las caras de los vaqueros, todos se veían bastante angustiados, pues estábamos a punto de desplomarnos en el vacío. Uno me advirtió que no me moviera, porque si el caballo pateaba, me podía caer junto con él. Así que rápidamente y con sumo cuidado entre dos me jalaron de la camisa y el brazo. Gracias a que no me atoré con los estribos, mi caballo esperó pacientemente mientras me ponía de pie. Ya que estaba fuera de peligro, llegó el momento de salvar al animal. Era muy posible que al intentarlo se asustara, pateara y resbalara al momento de jalarlo de la rienda, pero por suerte, al levantarse dio un salto rápido y se incorporó, salvándose de caer en el abismo.

Durante el tiempo que duró esta aventura equina, no dejé el trabajo, sino que lo hice a la par de todas mis demás actividades; me eché encima demasiadas responsabilidades al mismo tiempo. Cuidaba de mis animales mientras los demás comían de la una a las cuatro de la tarde. Por mi parte, comía en el camino, y cuando regresaba asoleado y cansado, debía continuar con mis actividades laborales; luego salía a pasear con mi esposa, veía a los amigos, me desvelaba por asistir a fiestas, y terminaba despertando al día siguiente con una gran ansiedad causada por todos los pendientes, lo cual solo logré sobrellevar por seis meses.

A final terminé colapsando y entré en una etapa de depresión que comenzó a enfermarme de distintas cosas. Parecía como si mi cuerpo me hubiera dicho, "Ya basta, no quiero saber nada más de vaqueros ni caballos". Así que vendí un caballo y regalé las sillas de montar; sólo guardé mis espuelas y mi sombrero como recuerdo, pues no quería saber más al respecto. A partir de entonces me alejé de las demás personas que me rodeaban y solo me enfoqué en el trabajo; estaba totalmente exhausto. Las decisiones que tomé durante el tiempo que tuve a los animales me afectaron bastante en cuanto a lo económico, pues se trataba de gastos mensuales muy fuertes, y más con todo el equipo que requería.

Viéndolo en retrospectiva, he de reconocer que junto a mi caballo recorrí muchos sitios, acompañado de mi hermano y un tío. Recordar aquellos momentos frente a una fogata con mi caballo mientras admiraba las estrellas, las cabalgatas nocturnas hasta el amanecer, me llena de dicha, pues en definitiva fue una experiencia extraordinaria. Vi hermosos paisajes y tuve una gran conexión con la naturaleza montado en mi caballo. Pero también asumo que arriesgué bastante y que fue más el impulso que sentía en ese momento lo que me hizo elegir, haciendo a un lado la realidad y actuando sin freno.

Hoy considero que no volvería a repetir muchas experiencias de este tipo, o al menos no llevándolo al extremo como en aquellos tiempos. Aprendí que no todo tiene que ser así de radical, sino que puedo vivir mucho de esto de una manera más responsable, sin dejar de sentir aun esta conexión con animales tan maravillosos como los caballos, pero sí con mayor consciencia. A veces me doy tiempo para montar a caballo en un centro ecuestre con un guía especializado que se mantiene alerta en todo momento para evitar que me ponga en riesgo. Lo disfruto mucho, ya que no cuido de los caballos, no los alimento, no tengo que estar angustiado por ellos, y solo me concreto con pagar por montarlos durante una hora. Después, regreso a la normalidad de mi vida. Esta actividad que tanto amo ahora ya no es un problema.

Al terminar este ciclo, entré en un estado de depresión, el cual trajo a mi mente una serie de imágenes, situaciones y riesgos que realmente viví. Sin embargo, estos recuerdos no fueron totalmente fieles a lo que en realidad sucedió; por el contrario, mi mente los exageró a un grado que me provocaba mucha culpa y aflicción. Sentía como si volviera a vivirlos. Por la noche estos pensamientos intrusivos no me dejaban dormir, y durante el día sucedía lo mismo. No obstante, la forma de enfrentarme a estos estados cambió el día en que fui diagnosticado y seguí de forma responsable mis tratamientos. Hoy en día tengo conciencia de no dejarme llevar por estos episodios, y cuando me cuesta controlarlo, la red de apoyo que he forjado con mi psicólogo y mi psiquiatra me asiste para salir adelante.

Un método que me ha ayudado a sobrellevar estos estados y salir más rápido de ellos es una guía para afrontar el momento y así ser consciente de que es hora de regular mi fuego interior. Sé que soy diferente, y por eso tengo mi propia guía; esto ha surgido como resultado de mi propia experiencia y gracias al seguimiento de psicólogos y psiquiatras. Con los años he ido modificando y sumando información, y conforme he madurado, ha habido aspectos que han cambiado, los cuales pasaron de ser negativos a convertirse en una habilidad que cumple un propósito en mi vida.

Por otro lado, también tengo otra herramienta que consiste en colocarme recordatorios por escrito en cada lugar de mi vida donde los requiero, a modo de referencia. Por ejemplo, en donde siempre guardo mi cartera, tengo un recordatorio que me indica que antes de salir a una fiesta, debo ser consciente de que necesito cuidar de mis finanzas; entonces elijo dejar la tarjeta de crédito en casa y administro mejor el dinero que utilizo durante la salida.

La cuestión sexual también puede llegar a desbordarse en mí por los procesos que conlleva mi condición según lo explicado por lo psiquiatras, pero en realidad nunca ha sido un tema problemático en mi vida. He trabajado mucho en mi amor propio, ya que esta actitud forma parte de mi personalidad, y por ello siempre he priorizado el respeto hacia mi pareja, lo cual ha sido un punto clave para el éxito en mi relación. Si me encuentro en una etapa con bastante energía, trato de hacer que fluyan las cosas entre ambos, y no que se convierta en un castigo el vivir esta parte de nuestra intimidad.

Por el contrario, sé que puedo vivir toda esta energía con amor y respeto con mi esposa. Ha sido un aspecto que siempre he mantenido con mucho respeto, e incluso antes de tener conocimiento de mis trastornos, siempre asumí que las decisiones consensuadas son fundamentales, y conocer nuestros límites es imprescindible. Frecuentemente busco recordarme que sí puedo vivir estas experiencias sin desbordarme, ya que siempre tengo la libertad de decisión, y sé perfectamente qué está bien y qué está mal.

Quiero compartirte una frase atribuida al Dalai Lama que hace un tiempo leí: “Lo que más me sorprende del hombre occidental es que pierde la salud para ganar dinero. Después pierde el dinero para recuperar la salud. Y por pensar ansiosamente sobre el futuro, no disfruta del presente, por lo que no vive el presente ni el futuro. Y vive como si no tuviera que morir nunca y muere como si nunca hubiera vivido".

Desde mi punto de vista yo creo que todo depende de dónde estamos, quiénes somos y a dónde vamos. Él no nació en México, no nació con la condición de ser bipolar, no tuvo a mi papá y a mi mamá, ni a mi hermano, ni vivió los buenos y malos momentos que yo viví, no fue a la misma escuela, en sí no tuvimos la misma vida; sin embargo, me di cuenta de que Dalai Lama sí tenía razón, y al aplicarlo con mi salud mental y física, fui más consciente de que vale mucho la pena ser responsable al respecto, pues sin salud no hay éxito que disfrutar.

Con el paso del tiempo tuve que aprender a amarme y respetarme. Actualmente cuido mucho de mis emociones, ya que si no lo hiciera podría confundir, por ejemplo, el amor con una sobredosis de euforia o solamente un momento de excitación, originando solo un vacío al final. Así que aprendí a disfrutar, pero con respeto, pues cuidando de mí también cuido a los demás. Me recuerdo que primero debo amarme a mí mismo para poder ofrecer amor; hay vivencias que me pueden marcar o cambiar mi vida a tal extremo por una mala decisión, que he comprendido que no es necesario llegar hasta ese punto. Sé que estoy lleno de amor, y lo sé porque en mi corazón lo siento a diario.

En el trabajo hay momentos en que me siento supercreativo y motivado, lo cual aprovecho para construir proyectos e innovaciones; en estos periodos estoy dispuesto a hacer todo por los demás y por los proyectos, tanto que a veces llego a olvidarme un poco de mí mismo, pues antepongo ejecutándolo que estoy haciendo, pero en ocasiones esto ha afectado tanto a mi salud mental como física. Por eso aprendí a llevarlo de forma un poco más calmada, ya que si caigo en la obsesión de ser el mejor en lo que estoy haciendo con un ritmo desmedido, me pierdo sin darme cuenta.

Amo el trabajo, es una de las actividades más importantes de mi vida, lo vivo al máximo pues lo considero una energía que me alimenta, que me permite poner en práctica todos mis conocimientos y me nutre de otros tantos que aprendo con mi labor. Cuando me siento muy entusiasmado por un proyecto, incluso llego a soñar que estoy trabajando en ello. La emoción por culminarlo, por mejorarlo, por formar equipos y estrategias, me permite inspirar a los demás y me ha dado grandes éxitos a lo largo de mi vida, pero también aprendí a cuidar y valorar de mí. Entendí que sí podía hacer toda esa magia, pero debía ponerme un límite para distinguir lo que podía lograr y lo que no, buscando de esta forma no solo beneficiar el proyecto en turno, sino también a mi propia vida, pues ambos van de la mano.

En el tema de la amistad un recordatorio que me hago frecuentemente es tener cuidado con no dar de más, ya que la lealtad desmedida me trajo muchos problemas en el pasado. Me recuerdo siempre que no debo regalar mi dinero sin motivo alguno o hacer cosas sin pensar, porque al final me afecta tanto a mí como a mis seres queridos. A veces uso esta frase que escuché de Alcohólicos Anónimos: "Solo por hoy". Así que con calma asumo que primero somos yo y mi familia; desde luego que también hay un lugar para los amigos, pero con medida.

En mi día a día convivo con muchas personas, ya sea un vecino, un conocido o hasta desconocidos, y por ello en ocasiones aprendí por las malas que había que respetar a todos los que me rodean. En el pasado llegué a enredarme en muchas situaciones que no tenían sentido; podía haberlas evitado muchas veces, pero en su lugar decidí enfrentar causas ajenas o protegí a personas que ni siquiera conocía. El sentimiento de proteger siempre ha estado en mí, pero hoy sé que sí puedo ayudar sin que esto implique perjudicarme en el proceso.

En lo familiar también tuve que aprender que respetar, ya que muchas veces quise imponer mis ideas porque quería lo mejor para ellos y creía que mi postura era la más acertada, pero en realidad no era así; por ello aprendí a escucharlos con atención. Había momentos en que me mi propia familia me repetía una y otra vez, "Hablas mucho, ya deja platicar a los demás". Entonces comprendí la alegría y la paz que me pueden ofrecer el guardar silencio y respetar a los demás para que fluya el momento, tal como siempre lo había querido. Con el tiempo, esta sensación de atropellar la conversación disminuyó.

En las fiestas establezco mis propios horarios para despedirme, no rompo esta promesa por más eufórico que me sienta, pues al final sé que puedo excederme y correr riesgos si no me detengo. Por ejemplo, mi horario límite son las dos de la mañana, hora en que ya debo estar en casa. En el pasado hubo infinidad de veces en que amanecí en fiestas, no necesariamente tomando, pero sí por el simple hecho de la euforia y energía que sentía en esos momentos. Por ello, siempre que voy a fiestas o reuniones, es tanta la energía que siento por compartir tiempo con gente querida, que requiero de este freno; con los años he trabajado tanto en esto, que a pesar de la circunstancia, no hay amigo o situación que puedan convencerme, pues soy yo quien tiene control. Aún llego a fallar una que otra vez, a fin de cuentas soy humano, pero ya no lo hago tan mal, pues soy más consciente, lo cual aprendí a la mala, ya que en pasado llegué a sufrir muchos accidentes, estuve involucrado en peleas y corrí muchos riesgos, lo cual me hizo entender que tenía que ponerme un límite con un horario de salida de cualquier evento o lugar.

Por supuesto que también viví grandes experiencias, grandes momentos llevando todo esto al límite, pero en retrospectiva hoy creo que jamás ninguna de estas experiencias valió la pena debido a que me expuse demasiado. En mis proyectos, cuando el fuego toca mi corazón, aprovecho al máximo esa racha. Frecuentemente el universo me da regalos de creatividad, me da más energía que a los demás; es el mejor momento para regalarme la oportunidad de administrarla sabiamente. Entonces me concentro en ese proyecto que está en mente. Yo sé mejor que nadie cómo funciona, y tengo certeza de que conseguiré lo que me proponga, pero como siempre, con cuidado. Desarrollar y profundizar en mi ética me ha llevado a entender la manera de interactuar con los demás. Al respetar para no dañar mientras construyo o edifico proyectos, me cuido y cuido de mi equipo de trabajo. Siempre pienso que los proyectos que hago traerán algún tipo de luz al mundo, ya sea en cuanto a crecimiento personal u ofreciendo crecimiento a los demás, y es por ello que intento realizarlos con total responsabilidad, evitando pasar por encima de los demás con mi energía, pues he entendido que ambas partes nos obsequiaremos conocimiento mutuamente, lo que nos dará crecimiento a todos en conjunto.

Cada que vez que llevo a cabo algún proyecto de vida, laboral, familiar, de amistad o *hobby*, siempre me recuerdo que con medida todo fluirá con naturalidad; por años he conservado un escrito que me recuerda que si pierdo de vista la meta o que si empujo de más puedo llegar a lastimar a los demás o lastimarme a mí. Sé que si me lo propongo, llegaré a la meta, pero también tengo certeza de que no es necesario alcanzarla todo el tiempo; a veces el recorrido es la verdadera meta por todas las nuevas enseñanzas que ofrece. Cada quien decidirá, a su tiempo y ritmo, si hay que apretar o ir más despacio.

Otra de las grandes pasiones en mi vida ha sido cocinar. Desde niño ha sido una parte importantísima en mi vida, y a muy corta edad aprendí a hacerme mis propios desayunos. En casa, mi papá siempre cocinó un sinfín de platillos, desde pizzas hasta paella, mariscos y pescados, todo lo que se te pueda ocurrir. Él me enseñó el buen comer, casi no en restaurantes, sino en nuestro hogar. Nunca me enseñó una receta, sino que aprendí en la práctica ayudándolo y probando los sabores paso a paso. Los desayunos con él eran toda una bomba de experiencias para el paladar, desde un corte de carne para desayunar antes de ir a la escuela hasta un almuerzo mexicano superelaborado.

Al llegar a los treinta y cinco años, este gusto me llevó a mi siguiente proyecto: convertirme en un máster de la parrilla. Primero comencé con un modesto asador, y cada fin de semana me dedicaba a prepararles todo tipo de cortes a mi esposa y a nuestras familias. Hacía todo lo que te puedas imaginar: cortes grandes, delgados, costillas, pescados, pollos, asados con piedra de sal, distintos marinados con vino y una gran variedad más.

Me gustó tanto la experiencia, que más adelante decidí comprar un asador de tambo argentino; se utiliza con leña y su principal cualidad es que permite ahumar la carne con distintas maderas que dan aromas especiales a los alimentos. Nunca había utilizado uno ni tenía sabía cómo hacerlo, así que cuando lo intenté, estuve a punto de quemar mi casa. Siempre acostumbraba añadir huesos con tuétano a mis asados, pero cuando escurrió la grasa de uno y cayó directamente en la leña, la llama creció en un instante más de cuatro metros de altura; no podía controlarlo, hasta que se me ocurrió cerrar el asador por completo y de esta forma ahogar el fuego. Afortunadamente no hubo un accidente.

Pero como los errores también son fuente de gran aprendizaje, seguí intentándolo, y a las tres semanas ya me había convertido un experto. Cubierta esta fase, sentí que necesitaba alcanzar un mayor reto, por lo que mi siguiente escalón fue aprender a hacer barbacoa en hoyo, como tradicionalmente se cocina en varias regiones de México desde la antigüedad. Y la ocasión perfecta para probarlo sería celebrar el cumpleaños de mi papá, que pronto se avecinaba. Así que me puse manos a la obra al iniciar la semana; saqué una pala, un pico y empecé a excavar en el patio de mi casa un agujero bastante grande, como lo había visto en algún pueblo. Mi esposa siempre me ha apoyado en todos mis proyectos, me deja ser, y al final disfruta conmigo de todas estas aventuras, ya que siempre busco elegir actividades que también hagan felices a nuestras familias, y para ello pongo todo el corazón.

Al cabo de una semana terminé de cavar un hoyo de más de un metro de profundidad. Lo que seguía era conseguir la leña, y quien me la vendió me preguntó con mucha curiosidad qué haría con ella. Le expliqué mi propósito con mucho entusiasmo, y con una sonrisa se ofreció a ayudarme, pues sabía que sería una tarea muy complicada si lo hacía todo una sola persona. Al día siguiente recibiríamos a más de veinticinco invitados para celebrar a mi papá, por lo que desde las cuatro de la mañana nos pusimos manos a la obra, y sí, tenía toda la razón, jamás habría podido solo. Iniciamos encendiendo una buena cantidad de leña, y ya que se encontraba al rojo vivo, comenzamos a fragmentarla y la paleamos hasta el fondo del hoyo por más de una hora. Mientras tanto, comenzaba a amanecer y con ello disfrutamos del aroma de la madera y el calor que emanaba; enseguida pensé: “Este es uno de los mejores días de mi vida, qué extraordinaria mañana”. Después hubo que preparar la carne, bajarla con mucho cuidado, tapar el hoyo con pencas de maguey y recubrirlo todo con tierra para que mantuviera el calor.

Para las cuatro de la tarde ya habían llegado todos los invitados y estaban a la espera, preguntándose que habría de comer. Cuando les dije que el platillo del día sería barbacoa en hoyo, muchos no me creyeron, pero a quienes más me conocían obviamente se le hizo de lo más normal. La comida fue un éxito total, y con ello culminé el proyecto de convertirme en un máster del fuego, todo terminó bien.

¿Por qué esta experiencia fue más llevadera que otras que había tenido en mi vida? Con frecuencia me recordaba que llevara este proceso con calma, que tenía un año completo para lograrlo, y que apresurarme solo me acarrearía problemas de salud y económicos. Durante este tiempo, estuve más consciente de cuándo debía detenerme en ciertas decisiones, como evitar comprar los accesorios más caros, el mandil más caro y todo lo que hubiera agregado sin saber lo que realmente era útil para mi propósito. Administrar mis acciones por mi propio pie y hacerlo con paciencia me ayudó a lograr lo que deseaba con éxito, evitando de esta forma caer en depresión o enfermo por el estrés provocado al pensar obsesivamente el mismo tema. Todo fluyó a un ritmo amable para mi salud mental y lo disfruté mucho.

Cuando ese rayo enciende fuego de forma abrupta en mi mente, espíritu y alma, potencia mis capacidades al máximo y se acompaña de una tormenta de ideas, no lluvia, no llovizna, una verdadera tormenta. Si esto sucede, en mí se activa la alarma que he desarrollado por años en mi mente, y me permite ser consciente de la forma en que puedo aprovechar ese momento, administrarlo y enfocarme para alcanzar grandes resultados. Como en estos episodios muchas ideas se agolpan en mi mente al mismo tiempo, a veces no sabía con cuál, empezar y me costaba mucho trabajo iniciar. Por ello, ahora escojo dos o tres ideas, limitando de forma sana mis posibilidades: una mente bien administrada es más útil en mi vida. Así, en lugar de saturarme, limpio mi mente, la pongo en orden, doy prioridad a una idea y escribo las demás para otro futuro golpe de energía.

Cada nuevo proyecto me llevará a nuevas creaciones, bromas, música, bailes, personas interesantes, nuevas experiencias, lo cual en ocasiones es mucho más valioso que intentar hacer mil cosas al mismo tiempo y terminar estresado y malhumorado por tanto.

El tema de la sinceridad que siento al charlar también ha sido complejo desde que era pequeño. Al principio la consideraba una virtud, pero con el paso del tiempo empecé a descubrir que la gente se molestaba por cómo expresaba lo que pensaba, y me pregunté muchísimas veces por qué sucedía si se suponía que la sinceridad era fundamental para entablar confianza y empatía con la gente. Expresar mis ideas sin filtro a menudo me hacía lastimar a los demás, o bien, expresar aspectos personales o familiares que tal vez no debía compartir con otros, e incluso opinaba cuando nadie me lo pedía. Con el tiempo me di cuenta de que yo no había nacido con ese filtro comunicativo como los demás, así que tuve que crear uno propio. Hubo personas que abusaron de esta falta de filtro, ya que sabían que diría la verdad y simplemente me manipulaban para hacerme hablar. El resultado fue que me metí en muchos problemas por esta razón. Pasé varios años afligido porque no entendía qué hacía mal, yo solo quería ayudar, darme a entender y expresar lo que consideraba correcto, pero no lograba descifrar por qué no encajaba, así que conforme fui conociendo más sobre mis trastornos y por fin relacioné mi sinceridad absoluta con ellos, me dispuse a buscar una manera de solucionarlo.

Gracias a terapias y al observar con mayor detenimiento el comportamiento comunicativo de los demás, comencé a razonar lo que quería expresar sin que esto representara un problema. Una de las preguntas fundamentales que les hice a mis seres queridos fue: “¿Todo lo que tú piensas lo expresas?”, a lo que me respondían: “Claro que no. Lo que hago es identificar desde antes y durante una conversación qué cosas puedo decir según el contexto y la persona, y qué cosas no debería mencionar”. No podía creer que para los demás fuera tan fácil hacer eso. Aprender a comunicarme con los demás fue muy importante en mi vida, ya que mi desarrollo personal también cambió y comencé a entablar relaciones más estrechas con quienes me rodeaban. Este filtro conversacional que desarrollé en mí fue fundamental para mejorar todas las áreas de mi vida, ya que ahora tenía en mis manos una comunicación ágil, sensible, perceptiva y eficaz.

Desde mi infancia me gustó mucho investigar, por lo cual desarrollé un sentido agudo por indagar lo que me interesa. Siempre le he pedido a esta energía superior que me ayude a tener más claro lo que estoy buscando y a evitar perderme en un cúmulo de información sin sentido. Suelo tener mucho cuidado al iniciar mis diversas investigaciones o estudios y acompaño el proceso de la mano de mi red, psiquiatras, psicólogos o de mi esposa, para evitar desbordarme en los proyectos y salir con éxito de cada uno. En aquellos años donde necesitaba hallar respuesta ante mi vínculo comunicativo con los demás, como resultado de mi extensa indagación, encontré un libro de inteligencia emocional. A veces siento que este tipo de eventos me sucede por una razón más grande que solo suerte, pues en la misma semana que obtuve ese ejemplar vi que darían una plática sobre inteligencia emocional. Animado por conocer más al respecto, empecé a planear una manera de poder crearme un filtro comunicativo que me ayudara a convivir de forma más fluida.

Primero entendí que tenía que dejar de hablar sin pensar. Segundo, comprendí que para conectar con los demás tenía que ser más empático, pues hasta esta palabra desconocía. Investigué y estudié mucho, lo cual me ayudó a entender que mis pensamientos, cerebro, lengua, corazón y estómago están conectados. Pronto descubrí que mi deducción era correcta, pues a esta conexión la nombré "efecto espejo", lo que significa que en nuestro desarrollo como seres humanos comenzamos a generar conciencia sobre cómo nos comunicamos, y poco a poco vamos asociando los aspectos que tenemos que cuidar y equilibrar de nuestra comunicación, desde el tono y acento que utilizamos hasta las palabras o gestos que elegimos. Al empezar a tomar en cuenta estos factores comunicativos, mi vida social empezó a mejorar mucho, pues comenzó a facilitárseme hablar y expresarme de una manera positiva con quienes me rodean.

Otro ejercicio que me ha servido mucho es un tipo de análisis de mis pensamientos que me ayuda a entender y ser consciente de cómo alimento mis deseos a futuro o mi vínculo con mis recuerdos del pasado. En el caso del futuro, me enfoco en nutrir con pensamientos e imágenes positivas lo que deseo que vaya a suceder. En cuanto al pasado, mediante mis recuerdos busco enmendar heridas que he vivido en otras épocas de mi vida. Un ejercicio común es que me sitúe en mi mente en un episodio del pasado, por ejemplo, en mi infancia; me visualizo como el niño que fui en aquel momento, me acerco como adulto a ese niño y me susurro al oído: "Tú puedes, te quiero mucho y tu familia también siente un profundo cariño por ti". Entonces le platico a ese pequeño lo que he logrado en el presente, le aseguro que todo estará bien y busco responderle aquellas grandes preguntas que en esa infancia no lograba resolver.

En un principio, simplemente estaba acostumbrado a utilizar mi mente como comúnmente lo hacemos todos, sin consciencia real de nuestros procesos cerebrales ni la capacidad que tenemos de potenciarlos. Pero tras años de investigación y autoanálisis que hice, ¡eureka! Descubrí que hay muchas maneras más de trabajar con el cerebro y el pensamiento para mejorar mi crecimiento personal. La terapia de programación neurolingüística (PNL) me ayudó mucho para este propósito.

¿Qué es y para qué sirve esta terapia? La primera definición que encontré al respecto fue la siguiente: "Con PNL se aprende a reprogramar el lenguaje de la mente a través de un conjunto de estrategias, técnicas y actitudes que resulten en alcanzar metas personales y mejorar nuestras relaciones con los demás". Así que partí de este concepto para encontrar a un profesional con el cual tomar esta terapia.

Con ella aprendí que para hacer consciente a mi cerebro primero es necesario ejercitarlo; desde que nacemos comenzamos a integrar de forma inconsciente información a nuestro cerebro, es decir, *ideas programadas* que provienen de nuestros padres, familia, amigos, trabajo, etcétera, y estas dan forma a nuestra vida, edificando en nuestro pensamiento tanto virtudes como carencias. En este sentido, reprogramarla permite descubrir quiénes somos en realidad.

Esta terapia me ayudó a ser consciente de que el cerebro trabaja con ciertas limitantes, con lo poco aprendido o mal aprendido, pero en realidad hay mucho más que hacer con estos conocimientos. Me ayudó a romper muros mentales, limitantes, a frenar los excesos, hasta en mejorar para dormir. También comprendí el gran poder que conlleva la palabra y nuestra forma de expresarnos, pues son el molde de las conductas que llevamos a cabo. Por ejemplo, si digo: "Yo nunca me encuentro dinero", con programación neurolingüística le mostramos a nuestro cerebro una nueva perspectiva de la misma situación: "Yo algún día encontraré dinero". De esta forma comenzamos a influir en nuestra perspectiva de la vida, desde lo más simple hasta lo más complejo. No se trata de magia, sino de concentrarnos en nuestro subconsciente y prepararlo para que esté más alerta y nos ayude a encontrar lo que en verdad buscamos. Poco a poco, gracias a este ejercicio constante, llegamos a enfocarnos y a percibir lo que es mejor para nosotros, en lugar de solo vivir los acontecimientos de la vida sin darnos cuenta de que podemos influir en ellos para alcanzar lo que más deseamos.

Así mismo, tras varios años de diversas terapias, comprendí cuándo había un inicio para cualquier actividad y cuándo había que buscar otra opción. Al ser compleja mi situación debido a los trastornos, es muy útil que yo pueda darles a mis terapeutas la guía de cómo y qué necesito para evitar perdernos entre tantos factores que analizar. Es muy importante que yo sienta confianza en la terapia psicológica o psiquiátrica y sepa identificar cuándo las cosas no funcionan y debo buscar a otro profesional, siempre en una relación de apertura y beneficio personal. Si voy a consulta es para decir la verdad de lo que tengo, ya que me di cuenta de que si decía verdades a medias jamás podrían comprenderme o poder encontrar una mejora en mi salud mental. También consideré que no tenía caso pagar una terapia para perder dinero y tiempo diciendo verdades a medias, así que siempre me favoreció hablar con la verdad. Ellos están para ayudarme, no para juzgarme.

Confío en ellos, en lo personal me abren el panorama, me ayudan a hacer limpieza mental y a mantener el orden del que ya he hablado.

Externar que a veces pienso que puedo hacer cosas que para los demás son imposibles o irreales, creer que puedo hacer cosas más allá de lo ordinario, como un impulso que necesito declarar, porque no es una energía con la que se pueda lidiar tan fácilmente. Por ejemplo, aprendí que al presentar este tipo de pensamientos, debía diferenciar que si Dios quería hablar conmigo, no iba a bajar y aparecérseme de frente; comprendí que se comunica de una forma diferente y no tan evidente como lo puede ser una experiencia física, sino a través de las personas que amo, en el caso de mi idiosincrasia. Si bien hay convicciones que pueden provenir de mi bipolaridad, también es un hecho que como persona puedo potenciar mi personalidad para lograr ir más allá de lo habitual y vivir un despertar en mí. A lo largo de mi vida adulta, fui reconociendo la distinción entre la bipolaridad y mi propia esencia. Aprender a tener los pies en la tierra ha sido fundamental para logarlo.

¿Cómo defino ese trueno que hace que la chispa se convierta en una llama vigorosa, incontrolable? Desde siempre lo he considerado que se asemeja a una especie de *sexto sentido*. Durante mi infancia, haber tenido una base religiosa, conocer a Dios, fue lo que me ayudó a que ese sexto sentido no se fuera como caballo desbocado, y las recomendaciones de los profesionales de la salud fueron un gran apoyo.

A lo largo del tiempo he vivido una serie de eventos que le dieron sentido a todo este proceso de autodescubrimiento acerca del fuego interior que me impulsaba. Así pude empezar a comprender las experiencias con toda su complejidad, tanto los aspectos negativos como positivos. En cuanto a las complejas emociones que viví desde muy pequeño, necesitaba identificarlas como parte de mi padecimiento y no de la realidad, pero por otro lado, también comprendí que los seres humanos tenemos capacidades intuitivas que solo en ciertos contextos y con determinada sensibilidad podemos desarrollar. En mi caso, también he llegado a tener sueños lúcidos muy específicos que más tarde llegaban a materializarse en la vida real.

A veces es fácil confundirse entre lo que sí es real y lo que no. Por ejemplo, antes de que fallecieran mis abuelos, yo soñé con ellos, se despedían de mí y se iban; en cuestión de días, finalmente ellos terminaron muriendo. He sabido de otras personas que también han desarrollado este tipo de capacidad intuitiva, aunque no vivan con bipolaridad, por lo cual sé que la potencia humana puede ser más compleja de lo que imaginamos. Sin embargo, en mis primeros años fue difícil distinguir realidad de trastorno, tuvieron que pasar muchas experiencias y aprendizajes para que lo comprendiera.

Cuando compartía con las personas algunas de estas situaciones, como haber soñado con mis abuelos despidiéndose, me decían que no era real, que todo era parte de mi imaginación; pero más tarde, cuando recibieron la llamada que se los confirmó, me miraron perplejos y con intriga me preguntaron cómo lo había sabido desde antes. Sin embargo, también era común que pasaran de la sorpresa a la extrañeza, que me juzgaran de forma negativa, motivados por la misma desinformación alrededor de la salud mental, y que comenzaran a etiquetarme con señalamientos. Cuando era niño, este tipo de comportamientos de rechazo me confundían mucho, pero al crecer fortalecí mi autoestima para enfrentarlo.

A fin de cuentas, esos sueños predictivos también me han dado regalos al mostrarme lo que me pasará en el futuro; han sido pocas ocasiones, pero me dieron una guía. El punto era no perderme en alguno de ellos, y que de ahí se desbordara una serie de eventos sin sentido a raíz de un simple sueño. Alguna vez soñé con el número nueve, y al despertar empecé a encontrar este número mágico en todas partes. Para mí fue muy difícil poder soltar esta idea, ya que lo encontraba en los camiones, las placas de los autos, anuncios, en las pláticas, en el súper, en lo que leía; era como si ese número me hablara, no entendía qué significaba, pero tampoco podía dejar de pensar en él. Después pude razonarlo, hice introspección, lo hablé en terapia, con mi familia, y al final lo pude soltar. Hasta el día de hoy, ya no regreso a esa manía, a partir de los medicamentos me dejó de pasar.

Con el tiempo me di cuenta de que muchos sueños eran producto de mi imaginación, y era mejor asumirlo. Por ejemplo, una mañana desperté con el recuerdo de lo que había soñado, donde yo me convertía en un artista reconocido de rock. Desde ese día y durante un mes intenté tocar de oído las partituras de las canciones con mi guitarra, y me la pasé visitando solo a amigos o personas que se dedicaran a la música, para aprender tan pronto como fuera posible lo que yo creía en ese momento que sería mi futuro.

Sin embargo, esta obsesión me hizo llegar a un extremo, toqué fondo y, como siempre, en un afán desbordado por conseguir mi sueño, caí rendido y me di cuenta de que no era el camino. Todo esto pasó en un año, en el cual me separé de la realidad y solo me sumergí en el mundo del rock y la música. Eso afectó en mi trabajo y en la secundaria, ya que insistía en vestir todo de negro, contrario a los códigos de vestimenta con los que debía cumplir en ambas responsabilidades, así como en el tiempo que ocupaba para estudiar y trabajar. Un día que estaba acompañando a mis amigos del ambiente del rock que consumían sustancias ilegales en la calle, de pronto apareció mi mamá. Al verme se paró y me dijo con reproche: "¿Qué estás haciendo, Alejandro?". En ese momento se rompió toda esta imagen fantástica que había construido y regresé a mi ser de nuevo. Jamás volví a tomar ese camino, me sigue encantando el rock, conocí a muchos artistas virtuosos, sigo asistiendo a conciertos y me siguen impactando como cuando era joven, pero ahora ya estoy más consciente de hasta dónde hacerlo, y sé que a pesar de la parte negativa que conllevó este episodio, también me sumó un conocimiento musical muy amplio.

Hace un tiempo, volvió a pasarme una racha similar. Compré una consola para reproducir vinilos y un *mixer* para mezclar música, pues quise convertirme en DJ. Una vez más me obsesioné en este proyecto, ya que la música siempre ha sido una parte importante de mi vida. Primero comencé en mi casa tocando por horas durante los fines de semana, hasta que mi esposa me desconectaba, y con ello, regresaba a la vida real. Aprendí a hacerlo viendo videos y por mi cuenta; al final terminé tocando en clubes y en fiestas, pero en alguna sesión mi psicólogo me cuestionó al respecto: "Alejandro, ¿no crees que estás administrando mal este *hobby*?". Al escucharlo, me quedé frío, pues tenía la impresión de que todo marchaba bien. Primero lo negué, pero al reflexionarlo mejor comprendí que era momento de bajar un poco la intensidad, pues se había convertido en una nueva obsesión.

Si bien este pasatiempo sí inició con ese sencillo impulso que anima a cualquiera a intentar algo nuevo, las reacciones químicas asociadas al trastorno bipolar, sumadas a mi carácter, hicieron la fórmula perfecta para que llevara esta actividad a un extremo.

Para mí, un gran apoyo que me permitió tomar las riendas de mi conciencia fueron los medicamentos y el tratamiento psicológico y psiquiátrico en general. Las pastillas equilibran la química de mi cerebro, lo cual genera paz en mi día a día, en los murmullos de mis pensamientos e incluso en los sueños; hasta ese sexto sentido que tengo se vuelve menos intenso. Por un tiempo intenté hacerlo sin el medicamento, pero sin él, jamás habría llegado a ser quien soy en la actualidad; en ocasiones tuve el temor de perder mi esencia y la capacidad de ir más allá de lo común al tomarlos, pero terminé aceptando que la medicación no opacaba mi verdadera identidad, y que por el contrario, me permitía ampliar más mis capacidades, ya que esa energía monumental que suelo sentir dejó de desbordarse y encontró un orden.

Hay momentos que me han definido como persona y que me han permitido vivir plenamente sabiendo quién soy y de dónde partir. A la edad aproximada de siete años, sentí por primera vez este fuego interior. Aún lo recuerdo, me desperté en la madrugada y de pronto tuve la sensación de estar lleno de energía, una energía que no me dejaba dormir. Vinieron a mi mente mil ideas y tuve mi primer episodio de alta energía. Sentí como si me hubieran echado un polvito mágico en todo el cuerpo, y de repente sentí el calor, mucha energía y una felicidad inmensa, al grado de que hoy en día tengo un vívido recuerdo de ello.

El despertar de esa química en el cerebro fue algo mágico e indescriptible. Las alucinaciones me hacían ver figuras que se desplazaban alrededor de la cama, me mareaban, pero estaba tan contento, tan lleno de energía que no me asustaba y ni me preocupaba. Al día siguiente desperté con el mismo estado, y a pesar de haber dormido pocas horas, mi personalidad había cambiado de ser normal a la de un niño muy extrovertido. Cuando empecé a vestirme para ir al colegio, elegí un cinturón y ¡botas vaqueras! ¿Quién se lleva botas vaqueras para ir a la escuela? Era tanta mi alegría, que me vestí así porque me sentía un gran artista de rock. Al verme mis papás, de inmediato me corrigieron: "¿Qué te pasa? No, cámbiate. No te puedes ir así a la escuela". Así experimenté la primera transformación de mi personalidad, de un día a otro: pasé de ser un niño normal a ser demasiado extrovertido, lleno de energía, en busca de amigos, con muchas ganas de jugar y hacer de todo.

Así viví con esta personalidad durante unos meses, pero de repente un día todo volvió a cambiar drásticamente. Empecé a experimentar una etapa completamente opuesta: ya no quería ver ni jugar con nadie. Me recuerdo sentado debajo de un árbol, comiendo un sándwich yo solo, pero contrario a lo que se esperaría, no me sentía triste por no tener amigos. ¡Simplemente ese era mi nuevo yo en aquella época! Un Alejandro al que no le interesaba nada.

Mi mamá empezó a sentir preocupación por mí, pues intuía que me sentía deprimido; en cambio, a mí se me hacía de lo más normal, pues como nunca había vivido una transformación tan radical, aún no podía distinguir entre una época y la otra, ni contaba con el razonamiento para comprenderlo. Creo que en realidad a mí no me afectaba, pero sí les afectaba a quienes me rodeaban por la confusión que sentían al respecto. Pasé de estar inquieto todo el tiempo a mantenerme completamente aislado. Durante un solo año parecía que había desarrollado tres personalidades completamente distintas una de otra.

Este subibaja emocional que vivía provocaba en mis papás falta de compresión. Les intrigaba mucho que no pudiera concentrarme, que no pudiera leer o memorizar información, y lo más probable es que eso me sucedía porque estaba deprimido, no porque simplemente me negara a aprender.

Recuerdo que conforme se sumaron más conflictos en mi vida debido a mi inestabilidad emocional, como niño lo único que deseaba era volver a tener el equilibrio con el que antes vivía. Quería volver a concentrarme, a estudiar, a hacer las cosas “bien”.

En este sentido, hoy en día me pregunto: ¿qué es hacer las cosas bien? En aquel tiempo, pensaba que adaptarme significaba adecuarme a un sistema cuadrado y poco tolerante con las diferencias, pero con el tiempo comprendí que era más importante aceptarme tal como soy para construir mi propia forma de vivir y no como los demás querían.

También empecé a descubrir que estos episodios me hacían tocar fondo hacia el final. Lo que me ayudó a superarlos siempre fue mi parte espiritual, la cual lograba iluminarme en los momentos más oscuros. La fe y la paciencia me dieron las herramientas necesarias para sentir calma y paz, y a encontrar las respuestas que necesitaba. Este estado de meditación me permitía asumir que era yo mismo quien me sacaría de estos conflictos.

El paso de los años me hizo comprender que la vida suele ser como una balanza, la cual nunca se encuentra en equilibrio perfecto, pero siempre es posible acercarse a un punto medio, y eso es lo que nos hace humanos. Hoy en día sé que el “equilibrio perfecto” en realidad está acompañado de algo de desequilibrio, a veces un poco arriba, otras un poco abajo, un poco a la izquierda o un poco a la derecha según la circunstancia.

En muchos de mis cambios emocionales sentí desinterés por encajar, y en otros no, pero por encima de esta situación siempre me di cuenta de que me sentía más pleno siendo yo, con mi gran corazón abierto, en lugar de intentar quedar bien con los demás. Después de las tormentas podía volver a concentrarme, a agilizar mi memoria y sentirme en paz. Sin embargo, empecé a aceptar que, como mis episodios de mucha energía o mucha introspección, también este sería un momento pasajero. ¿Cuánto duraría? No lo sabía. ¿Cuándo llegaría hasta el fondo otra vez? ¿Abajo o arriba, enmedio? No lo sabía, pero aceptar que volvería a suceder me quitó un gran peso de encima.

Cuando en mi niñez empecé a experimentar estos estados cambiantes, también comencé a vivir una nueva faceta de mucha creatividad. Las actividades de introspección, como mantenerme sentado leyendo, se me dificultaban mucho; en cambio, las actividades físicas me hacían sentir bien. Si encontraba algo roto, pasaba horas enteras utilizando mi creatividad para repararlo. También sentía que mi habitación requería cambios, pues en las etapas de depresión mis espacios solían estar en desorden. Gracias a esta faceta creativa regresaba a mí el ánimo para traer armonía de nuevo a mis espacios, así que lo ordenaba y redecoraba todo. Este reacomodo no solo se presentaba en mi entorno, sino que también sentía el cambio a nivel cerebral; mi mente entonces retornaba al orden.

Al ser tan pequeño, las personas a mi alrededor quedaban sorprendidas y desconcertadas porque no podían creer que tuviera la entereza de hacerlo yo solo. En esta etapa, conforme se reordenaba mi vida interior y exterior, poco a poco volvía a acércame a un estado de genialidad, y quienes me rodeaban lo notaban: "¡Qué increíble! Se superó por su cuenta y tan a corta edad; parece que viene de subida nuevamente".

Sin embargo, para ellos era difícil aceptar la realidad cuando venían de vuelta los altibajos. De pronto comenzaba a sentir un desorden mental que también se reflejaba en otros aspectos de mi vida. Con los años, ellos y yo aprendimos que lo común no era siempre estar en un mismo estado, sino que había que adaptarnos a los cambios sin sentir que alguno de ellos sería permanente, lo cual nos hizo sanar nuestra relación con los distintos periodos en que me encuentro y, dicho sea de paso, ellos aprendieron que si bien los cambios en sus propias vidas no suelen ser tan evidentes como en la mía, sí que suceden, y eso es bueno.

Cuando comencé a vivir mi adolescencia, también llegó con ella el despertar sexual. Para mí fue muy significativo, porque suele ser una etapa del crecimiento demasiado fuerte e intensa, y no sabía hasta dónde esto era normal. No lo dosificaba, simplemente mi cerebro estaba yendo y viniendo con ese tema. Me agotaba demasiado. Sin embargo, a este ímpetu también se le sumó una actitud de audacia que me empujaba a hablar con las mujeres, no me apenaba en absoluto y buscaba a toda costa entablar un vínculo con ellas.

Otro cambio que llegó con la adolescencia fue una energía exacerbada que, combinada con el fuego interior que me generaba la bipolaridad, me provocaba un carácter explosivo y emocional. Este factor me causó muchos problemas, principalmente porque cuando presenciaba alguna injusticia, por ejemplo, si agredían a mi papá, a mi hermano o a alguno de mis amigos, eso era el detonante para golpearme con personas más grandes y más fuertes que yo, y así evitar el abuso. En lo personal, mi idea era cuidar o defender a los demás, pero lo hacía de forma exagerada, ya que mi sentir era completamente desproporcionado y frecuentemente me daba miedo pensar que personas cercanas podrían correr peligro. En ocasiones alguien podía simplemente estar discutiendo, pero cuando yo lo notaba, al ver que alguno levantaba la voz, se encendía en mí una ira que yo mismo no podía controlar. Me brotaba una energía que me impedía detenerme.

Mis primeros problemas de violencia llegaron durante la secundaria. El grado de agresividad y los riesgos que tomé aumentaron gradualmente; reaccionaba sin siquiera reflexionar antes, y las situaciones escalaban tanto, que hubo un tiempo en que era bastante complicado para mí evitar enfrentamientos. Así pasé varios años, hasta que a los veintitrés en mi familia vivimos una experiencia muy dolorosa, producto de la violencia. La víctima fue un primo muy cercano de la misma edad que yo tenía. Por desgracia, mi familiar estaba discutiendo con una persona extremadamente violenta, y cuando mi primo tuvo el mal tino de hacerle una broma, esta persona lo tomo tan a mal, que así, sin más, lo atacó con una pistola. Yo me enteré de lo sucedido porque un vecino me habló para ir a reconocer el cuerpo. Me di prisa y llegué tan rápido como pude a la escena del crimen. Al verlo, no podía creer que esto hubiera sucedido, y en mi interior sentí tanta impotencia y una ira tan grande, que cuando la persona que me llamó me dijo que sabía quién lo había hecho y dónde estaba, no dudé ni un segundo en ir a confrontarlo. No tenía idea de quién era el agresor, pero me hervía la sangre por dar con él. Sabía bien que esto no resolvería nada, mas no me importaba. Sin embargo, por fortuna cuando llegué a la dirección que me indicaron, no había nadie, ya habían escapado. Aquel día habría terminado con una tragedia aún más honda si hubiera sucedido lo contrario.

Al cabo de los años recibí otra fatídica llamada durante la noche. Desde que me despertó el sonido del teléfono, tuve un pésimo presentimiento, y cuando escuché la voz de mi papá del otro lado, confirmó mi intuición: esta vez asesinaron al hermano de mi primo muerto años atrás. Parecía una pesadilla, y de nuevo fui yo quien acudió de inmediato al lugar. Este primo más pequeño se encontraba aquella noche haciendo el grafiti de una Virgen de Guadalupe, cuando llegaron unos tipos por la espalda y le dispararon a quemarropa sin siquiera dejarlo voltear.

Esta segunda experiencia fue tan dolorosa para mí que a partir de allí comencé a replantear mi vida. Había tenido una buena base familiar gracias a mi mamá, a mi papá, a mi hermano y más tarde a mi esposa. El desborde de mis emociones requería que yo mejorara mi forma de ver las cosas, necesitaba dejar de explotar cada vez que me topara con injusticias. Esto me hizo sufrir mucho, ya que yo quería dejar de ser tan agresivo y reactivo, pues sabía perfectamente quién era en realidad, una persona que en su interior deseaba más hacer el bien que provocar sufrimiento. No fue fácil para mí, este cambio me costó hasta las lágrimas. Lo único que quería era defenderme o defender a los demás ante la impunidad, pero no a costa de un alto riesgo, sino mediante otras alternativas.

Sin embargo, en la vida llega a ser más común de lo que imaginamos que nos topemos con una prueba de fuego. En alguna ocasión, me llegaron a provocar sin siquiera conocerme, y se me fueron a los golpes enfrente de mi esposa. Ella no podía creer cómo es que había logrado contenerme y no reaccionar ante el ataque, sino solo intentar esquivarlo: "¿Cómo hiciste eso, Alejandro?", me preguntó con asombro. Yo ni siquiera sabía cómo lo había logrado, pero estaba temblando por el esfuerzo que había hecho al contenerme. Si bien, esta actitud ante el conflicto había sido un buen inicio para plantear el cambio, requería mejorar, pues solo aguantar el coraje tarde o temprano me enfermaría.

En otra ocasión que iba manejando, un motociclista se enfadó conmigo y quiso agredirme rompiendo el vidrio de mi auto con su casco. Ante la situación, en otros tiempos habría reaccionado muy violentamente. Pero esta vez decidí respirar antes, darme unos segundos y decirme lo siguiente: "Así es esto, los accidentes pasan y no puedo controlar las emociones de los demás; estoy sano y salvo, y eso es lo más importante de este asunto, no el vidrio ni el mal carácter de este tipo".

Poco a poco, logré hacer este cambio de actitud ante la vida. Lo había esperado mucho, pues aunque siempre había tenido un gran corazón, si no estaba consciente de cómo funcionaba el mundo podría lastimarme a mí y a los demás. Hoy sé que después de los conflictos la vida sigue, que también estos son pasajeros, y tengo la certeza de que el giro de ciento ochenta grados en cualquier situación radica principalmente en cómo actúo ante ella. Esto implica desde evitar un coraje que puede hacer daño a mi salud hasta ejercer una acción violenta. Ahora sé que la vida se disfruta más sin violencia, de eso estoy totalmente seguro.

Desde que fui pequeño, mi papá decidió enseñarme sobre la vida sin tapujos ni tabúes. A los seis años me dio lecciones que me impactaron mucho por mi edad; sin embargo, fueron consejos que me ayudaron varios años más tarde en situaciones inesperadas. Me habló sobre sexo y las relaciones amorosas, advirtiéndome que nunca debía involucrarme con la pareja de otra persona, pues no era correcto, ni tampoco lo era hacerle daño a nuestra pareja de ninguna manera. También me dijo que evitara peleas con los demás, pero si por infortunio necesitaba defenderme, debía ser honorable al hacerlo. De igual manera, me aconsejó que respetara a todas las personas, sin importar su edad o condición, ya que de esta forma recibiría el mismo trato de su parte.

Los padres siempre buscarán aleccionar a sus hijos, pues desean lo mejor para ellos; no obstante, no pueden llegar a tener todas las respuestas en sus manos, eso implicaría exigirles que nos advirtieran de absolutamente cada situación que lleguemos a vivir en el futuro, lo cual es imposible. De esta forma, los consejos recibidos se convierten en un fundamento para nuestra vida, pero hay algo importante que entender al respecto: siempre habrá aspectos que mejorar, ideas que modificar o nuevas enseñanzas que recibir. En mi caso, desde siempre he considerado que todos los días hay algo nuevo que aprender en donde sea: en una comida, con vecinos, con amigos, con tu esposa o tus hijos, etcétera. Siempre hay un paso más que dar para mejorar.

A través del aprendizaje que nos brinda nuestra familia y el que nos enseña la vida, construimos nuestro mundo interior, valores, propósitos y nuestra personalidad. En mi caso, fue de gran apoyo toda esta experiencia para afrontar mis momentos de mayor descontrol.

En el pasado viví situaciones de riesgo, desde gente que llegó a amenazarme con un arma hasta convivir con personas peligrosas. Hoy sé que pude superar esas circunstancias gracias al amor, el aprendizaje y la contención que me brindó mi familia en casa. Es importante entender que la bipolaridad no tiene por qué impedir que me responsabilice de mí mismo y de mis actos. Vivir mi adolescencia con trastorno bipolar, por ejemplo, no significó que si mis amigos iban rompiendo vidrios por la calle yo también lo hiciera. Casos como este durante la infancia y juventud surgen a cada instante; mi fuego interior a veces me motivaba a involucrarme por el ánimo que sentía al convivir, pero siempre hubo algo que me frenó a hacer travesuras, y eso fue la educación en casa que me hizo mantener la idea constante de que estaba en mí elegir hacer el bien o no.

El momento decisivo en que elegía cómo actuar funcionaba así en mi mente: en mi cabeza recreaba la imagen de lo que estaba a punto de hacer, por ejemplo, me veía tomando la piedra y pensaba de inmediato: "Voy a romper el vidrio; puede haber alguien detrás, y si lo rompo podría herirlo". Entonces me negaba a participar. Era un joven que no tenía deseos de hacer daño, y por esa razón lo evitaba; sin embargo, el asunto no terminaba ahí, pues la bipolaridad me generaba una angustia desmedida por imaginar las consecuencias de los actos de mis amigos. Entonces regresaba después de unas horas para ver que nadie se hubiera lastimado, ya que si no lo averiguaba, sentiría intranquilidad por días, semanas o hasta meses. La idea desbordada en mi cabeza era una escena muy trágica en la que alguien podría salir lastimado.

Sin embargo, también participé en actos donde yo no medía lo que me podría pasar, y aunque no se trataba de acciones influenciadas por el deseo de hacer el mal, muchas veces hice cosas sin sentido que conllevaron mucho riesgo. Me pasaron bastantes accidentes así. Un día, cuando tenía nueve años, mi abuela comentó que necesitaba que alguien cortara un árbol de duraznos. A mí me pareció un buen gesto hacerlo yo mismo, pues la quería mucho y sabía que por su edad necesitaba ayuda. Así que tomé un hacha y empecé a cortar el árbol; no tenía idea de cómo hacerlo, pero intentaba golpear con todas mis fuerzas, y cuando menos lo esperé, la cabeza del hacha se desprendió del mango y salió disparada hacia un muro, en el que quedó clavada. Otra persona en mi lugar se habría detenido en ese momento; en cambio, yo busqué unir de nuevo las piezas y seguí usándola. Incluso rompí el piso, lo rompí todo. No visualicé el riesgo que esto implicaba, y quizá me hubiera hecho graves heridas si la suerte no me hubiera acompañado aquella tarde.

Durante mi época de adolescente estos roces con situaciones de peligro se acrecentaron debido a múltiples factores que se relacionaron entre sí. Como mencioné antes, la energía incrementada que me producen mis trastornos se combinó con la euforia que se siente cuando se comienza a vivir la etapa adolescente. A esto se añadió que, como aún no había sido diagnosticado por especialistas, se volvió más frecuente la incomprensión que sentían quienes me rodeaban, pues no entendían por qué yo era diferente, por qué no aprendía en la escuela como el resto de los alumnos, por qué mi energía me hacía actuar de forma distinta a ellos, etcétera. Y como era de esperarse, esta situación terminaba por confundirse con la simple rebeldía que todo adolescente demuestra ante el mundo durante esta etapa.

La secundaria fue un lugar especialmente complicado para mí, pues en lugar de comprenderme, siempre me creyeron un "chico problema", y así me encasillaron hasta que me cansé de vivir bajo esa mirada inquisitiva. Mis profesores aseguraban que yo no servía para estudiar, y fue tanta su insistencia que un día terminé por aceptar esta falsa idea. Incluso llegaron a asumir que mi vida entera sería un fracaso y no tendría oportunidad alguna de salir adelante. Con el ánimo cabizbajo y cansado por recibir este tipo de violencia a una edad tan corta, llegó el día en que decidí cambiar las cosas de una vez por todas, y por mi cuenta me di de baja de la escuela sin avisarles a mis padres. En esta decisión fue fundamental el apoyo que me dio mi hermano.

También tuve una maestra en secundaria que me ayudó en mi crecimiento de joven. Siempre se tomaba un momento para preguntarme cómo estaba, qué me pasaba; me preguntaba mucho, me daba ese momento para alentar mi corazón.

Después de salirme de la escuela, toda mi familia comenzó a verme solo como un problema, sin notar el resto de lo que había en mí; me repetían que no sabía qué hacer con mi vida, y mi abuela materna, mortificada por mi futuro, me decía constantemente: "Solo eres bueno para la fiesta... Te gusta ser un payaso". Al vivir esta incomprensión en casa, decidí dejar de convivir tanto con ellos y comencé a pasar mucho tiempo en la calle, donde, por cierto, aprendí mucho. No necesariamente lo mejor de la vida, sino en muchas ocasiones, la parte más cruda de esta. En aquel tiempo vi a muchos amigos perderse en las drogas, haciéndose tanto daño que casi llegaron a morir. No entendía por qué tantos jóvenes encontrábamos más empatía en la calle, pero lo que sí lograba identificar es que el factor común era la falta de atención y cariño por parte de la familia.

Hoy en día pienso que esta vagancia no fue la mejor forma de enfrentar el rechazo social y que lo mejor hubiera sido ser encaminado por personas más conscientes de mi salud mental, pero en ese tiempo yo aún no tenía el conocimiento necesario de mis trastornos, y menos las herramientas para descifrar lo que necesitaba para sentirme mejor y vivir mi vida de forma plena. Haber experimentado tantas situaciones en la calle me hizo correr muchos riegos. En varias ocasiones me ofrecieron diferentes tipos de drogas, pero desde siempre las evité; nunca me interesaron, pues algo dentro de mí me hacía sentir que si probaba cualquiera de ellas, jamás lograría salir de ese profundo pozo sin fondo.

Siempre que tenía consulta con algún psicólogo o psiquiatra me preguntaban en reiteradas ocasiones si consumía cocaína, marihuana o cualquier otra sustancia. Yo les respondía que nunca lo había hecho ni pretendía hacerlo en el futuro; ellos se sorprendían, ya que debido a mi condición se tiende a ser propenso a caer en adicciones. E incluso adjudicaban mi carácter al consumo de alguna droga. Aún hoy en día mi esposa ha llegado a preguntarme si cuando toco en los eventos de música electrónica no me da curiosidad probar alguna sustancia, pero siempre me niego. Nunca lo he hecho parte de mi mundo, pues aunque esté en un lugar donde haya exposición a las drogas, no siento el deseo de hacerlo.

También tengo la suerte de rodearme de amigos y amigas DJs que viven la música con una pasión enorme y los admiro mucho, pues cada uno me aporta algo con su estilo y algunos de ellos se ha convertido en una gran inspiración. Con ellos disfruto en grande. Tener amistades con las que puedo hablar apasionadamente de rock, que es mi fuerte y que escucho desde niño, me salvó de tan incontables malos días, ya que escuchar rock y tocar esa guitarra eléctrica que me había regalado mi papá una navidad era lo que hacía levantar mi espíritu. Por eso siempre busco amistades con quienes compartir la música. Son personas muy especiales para mí, pues no cualquiera puede llegar a entender lo que siento al escuchar una canción que me hace elevarme y cambiar mi energía.

Hoy sé que gracias a que nunca me sentí atraído por las drogas y a que me rodeé de personas con quienes compartir mi pasión por la música, jamás se disparó en mí alguna manía que conllevaría ser internado, lo cual puede ocurrir cuando se vive con trastornos como los míos. Me siento dichoso por nunca haber elegido ese camino, pero sé que para muchos otros con algún trastorno mental, ya sea diagnosticado o no diagnosticado, este tipo de círculos en que se consumen sustancias no son los indicados para su desarrollo personal, ya que en muchas ocasiones la mezcla de drogas con medicamentos psiquiátricos puede ser peligrosa tanto a nivel mental como físico; en el caso de quien aún no ha sido diagnosticado, el consumo puede agravar mucho su condición.

Entre las lecciones que mi padre me dio de pequeño, alejarme de las adicciones fue fundamental, y mucho más debido a mis trastornos, aunque en ese momento ni él ni yo supiéramos que los padecía. Cuando yo era niño, él tenía un par de amigos que por desgracia habían caído en fuertes adicciones, uno en alcohol y otro en drogas; siempre buscó hacerles compañía o cada cierto tiempo los visitaba para darles ánimo y consejo. A los siete años me tocó ir con él en repetidas ocasiones; antes de llevarme la primera vez, me dijo: "Vamos a ir a un lugar donde aprenderás qué sucede si en tu vida tomas malas decisiones". Entonces supe cómo fue que destruyeron sus familias, perjudicaron a sus hijos y se hicieron daño a un grado irreversible. Acabaron con todo lo que tenían y amaban, desde lo económico, lo familiar y hasta las amistades; arrasaron con todo sin darse cuenta de la terrible enfermedad que habían adquirido. A nadie le deseo que lo experimente, todo puede empezar con un "Estoy bien, no me pasa nada, es solo un trago, es solo una pastilla y nada más", pero cuando no se sabe mantener un equilibrio, la historia termina en tragedia.

Estas adicciones llevaron a los amigos de mi papá a ejercer violencia física contra otros, e incluso vivieron intentos de suicidio provocados por la profunda aflicción que sentían. Eran gobernados por su adicción, y conforme se agravaba perdían cada vez más la voluntad y la capacidad de tomar decisiones; tuvimos que ayudarlos en varias ocasiones yendo a sacarlos de bares o pagando sus cuentas, algo en verdad doloroso.

Al ver a mi padre afligido por sus amigos, pensé: "Nunca quiero lastimar a nadie de esa forma, ni a mí mismo". Por ello, durante mi adolescencia estas lecciones me ayudaron a no sumar problemas de adicción aparte de los que ya de por sí tenía. Sin embargo, fue tanta la insistencia de mi entorno al reprocharme que "no servía para nada", que terminé creyéndolo y eligiendo un camino difícil; así es como funciona la programación mental. Terminé juntándome con personas que no eran las ideales, pero también tuve buenos amigos en esta etapa, gente que me cuidó mucho. Hubo quien siempre respetó que no quisiera consumir drogas, y hubo también quien llegó a insistirme en que lo hiciera. Tuve muchos amigos y conocidos, algunos no me abandonaron cuando tuve problemas. Sin embargo, lo que me dejó más claro esta etapa de pasármela en la calle es que la vida puede ser más fácil y sencilla si nos proponemos comenzar a cambiar nuestra perspectiva; el resto llega por añadidura. Yo decido mi presente. Así descubrí que ante todo lo que la vida nos presenta siempre será mejor ir paso a paso, sin prisa y conscientes de lo que estamos haciendo.

Recuerdo que hace unos años, y por única ocasión en mi vida, me dieron a probar marihuana sin antes habérmelo advertido. Viéndolo en retrospectiva, he comprendido que a cualquier edad podemos llegar a toparnos con gente a quien no le importa nuestra vida y puede actuar de forma perjudicial con los demás. Un sábado me invitaron unos amigos a una fiesta; en aquel tiempo ya tenía treinta y ocho años. Me tomé un par de cervezas, fumé algunos cigarros y platiqué con gente que tenía tiempo sin ver. Era una reunión especial porque celebrábamos el cumpleaños de un amigo y yo estaba emocionado por ello. Al trascurrir la tarde, vi cómo unas personas se disponían a fumar en una *shisha*, una pipa de agua que se acostumbra usar en el mundo árabe para fumar tabaco mezclado con jarabes aromatizantes. Yo solía fumar en *shisha* de vez en cuando, y por eso me acerqué con ellos, suponiendo que sería como en otras ocasiones.

Pasamos un rato fumando de la pipa, y cuando se terminó, seguí disfrutando de la fiesta. Sin embargo, al poco tiempo empecé a sentir como si la música atravesara mi pecho, era una sensación extraña que nunca había tenido, y no fue agradable para mí. Fui al baño para verme al espejo porque sabía que algo andaba mal, pues me llegó un golpe repentino de euforia y una ansiedad incontrolables. Por fin un amigo me comentó lo que en verdad había pasado: "Eso que te dieron a fumar no era tabaco, era marihuana". Al descubrir lo que en realidad había pasado, sentí un coraje enorme, pues toda mi vida había tomado la decisión de no drogarme. Incluso en épocas donde conviví con pandilleros que lo hacían, nunca abusaron de mí obligándome a hacerlo; por el contrario, siempre respetaron mi decisión, mi manera de ser y hasta me aconsejaron al respecto: "Tú mejor no pruebes esto; tú eres mejor que esto".

Ese día me drogaron las personas que jamás hubiera imaginado que fueran a traicionarme, porque así fue como me sentí en ese momento. A pesar de que les reclamé, a ellos no les importó en absoluto, y yo me sentí tan indignado que preferí irme de la fiesta en lugar de descargar toda mi rabia con ellos. Tuve que irme manejando a casa solo, lo cual fue muy difícil para mí porque sentí que peligraba mucho en ese momento y no estaba en mis cinco sentidos para conducir.

Cuando acudí al psiquiatra, me explicó que efectivamente había sufrido una intoxicación grave, y que lo más seguro es que le seguiría una severa hipomanía, por lo cual requería ser internado en ese momento para frenarla. El tema más importante de esta situación es que, más allá de la inconciencia de estas personas y sus actos, como yo estaba tomando medicamentos para la bipolaridad, pude haber llegado a sufrir una reacción muy perjudicial para mi salud mental e incluso para mi vida en general. Por eso lo fundamental es que cuidemos nuestra salud mental en el caso de que padezcamos trastornos como los que yo tengo.

Siempre he sido alguien con una personalidad muy amistosa, lo cual me hizo conocer a gente bastante diversa y de distintos ámbitos toda mi vida. He tenido la suerte de que los amigos de mi hermano mayor, que hoy en día son mis amigos también, me hayan cuidado y me hayan tenido paciencia, lo cual me ha dado grandes enseñanzas, tanto en las buenas experiencias como en las malas. Por ello, uno de mis principios más preciados ha sido la lealtad. De igual manera, yo también quise ayudar a muchos otros, pero no siempre fue posible, y la vida por sí sola se encargó de poner límites. Sin embargo, hay que considerar algo importante sobre la amistad: el apoyo y la atención que se recibe y se ofrece de ambas partes nos da ánimo para seguir adelante, nos da aprendizajes y experiencias; pero, a fin de cuentas, somos nosotros quienes debemos planear, construir y mejorar nuestro propio camino. Y para lograrlo, es fundamental trabajar mucho en ejercer nuestra toma de decisiones de forma consciente.

Si bien todas y cada una de las vivencias que he compartido con mis seres queridos y amigos me han brindado la oportunidad de conocer los distintos caminos que se pueden llegar a tomar en la vida, la decisión de elegir el que más me beneficie, me haga feliz y me permita desarrollarme al máximo es solo mía. Deseo que las experiencias que te he compartido también sumen en tu toma de decisiones, y que poco a poco surja en ti una perspectiva única que solo tu podrás forjar. "Nadie aprende en cabeza ajena", reza el dicho, pero también es verdad que conocer las experiencias de otros nos ayuda a comprender las nuestras y nos permite reflexionar si realmente estamos condicionados a vivir la vida de una forma, o si por el contrario, en nuestro interior se alberga una gran potencia transformadora de todo aquello que nos rodea y que nos da la oportunidad de alcanzar la plenitud que tanto añoramos.

Capítulo 3

Reconocer el fuego para trabajar en mí

Como adulto, cuando siento que esa flama se mantiene encendida en mí por un tiempo prolongado, llega un momento en que me siento muy agotado, y por ello dedico mucho más tiempo a descansar, siempre lo recuerdo. Con los años, aprendí que al tener un ritmo distinto a los demás, es muy importante valorar mi salud. Gracias a mi ingenio, encuentro el momento y la forma de tomar ese descanso y recargar las baterías. Mi mayor estímulo para buscar esta quietud es la certeza de que si lo hago, seré más productivo en mi vida durante los próximos días. El deseo de ser productivo en varios aspectos de mi vida me permite conducir mejor una manía; en cambio, cuando se presenta una depresión en mí, la opción que elijo es salir a caminar, activarme físicamente para sacudirme esa recaída. Siempre tengo presente que debo tomar mi momento para nivelarme, ya sea para distribuir la energía, o bien, para enfocarla. Muchas veces me gusta salir al parque, me quito los zapatos y camino en el pasto, me recuesto en un árbol, a veces duermo, a veces solo descanso; y más tarde retomo mis actividades con más energía y más relajado, lo cual me permite ser más productivo.

Hoy en día, sé identificar perfectamente cuándo voy a entrar en manía, depresión o hasta en un estado normal; sin embargo, esta sensibilidad no me llegó de un día para otro, sino tras años de observarme y comprenderme. Por ejemplo, en la depresión yo me hago cargo de mí y de mi situación, pues reconozco los indicios que marcan el inicio de este proceso: disminuye mi gusto por los alimentos, el cuerpo me duele, empiezo a sentir mucho sueño, la canción que me gusta ya no me anima y en general siento desánimo por hacer las cosas que habitualmente no me causan conflicto. Ya que me percaté de que la depresión está comenzando en mí, ¿qué hago?, es la pregunta con la que comienzo a descifrar mis siguientes pasos.

Este es el momento de descansar y, con mucho amor, regalarme esa paz que necesito. Busco apoyo en mi red tanto de seres queridos como de especialistas para que me den ese cobijo que necesito, claro, sin abusar de ellos, pues siempre asumo que yo soy el responsable de estar bien. Cuando mi red de seres queridos no está disponible, pues también tienen sus propios asuntos que resolver, su vida, sus familias, y lo entiendo por completo, es hora de buscar motivadores que me aclaren hacia dónde debo ir; para ello, he recopilado una serie de frases filosóficas que me animan y me recuerdan que esto va a pasar, que lo puedo hacer mejor siempre. Otras herramientas que suelo aprovechar son la meditación, la risoterapia, ejercicios de motricidad, gimnasia cerebral, salir a caminar; y otras ocasiones busco nuevos planes, como como ir a un museo, caminar por centro de la ciudad, sentarme a comer un helado, darme mi tiempo y tratar de volver poco a poco al ritmo de mi vida. Con la experiencia he logrado identificar tan claramente este cambio de estados en mí, que incluso he llegado a recuperarme en cuestión de horas, cuando antes podría representar hasta meses de esfuerzo y entereza. Eso no quiere decir que no me deje de suceder, pues a veces puedo permanecer varias semanas con depresión, pero gracias a la consciencia que he desarrollado al respecto y las distintas herramientas que aprovecho, he encontrado soluciones para salir adelante.

También surge una pregunta importante sobre las herramientas de contención, ¿cuándo es el momento de empezar a buscarlas e identificarlas? La mejor oportunidad para poder ofrecer esta educación a nuestro cerebro es cuando más nos sentimos en paz, activos y concentrados para comenzar con nuestra exploración y aprendizaje de herramientas. De esta forma, si algo en mi interior me indica que las cosas no están bien, llega la hora de aplicar lo aprendido y descubrir con nuestras acciones cuáles son las herramientas que más nos ayudan a enfrentar estos episodios.

Trabajar en mí implica reconocer que hay una vida que valoro y quiero proteger: cuando me casé y formé una familia esta idea se reforzó en mí más que nunca. Sin embargo, en todas las etapas anteriores de mi vida, fue germinando poco a poco, hasta convertirse en uno de los pilares más importantes que hoy sostienen a mi mente y a mi corazón.

Por muchos años tuve que lidiar con cambios diversos, los cuales fueron responsables de que mi estado "normal" fuera en realidad la inestabilidad. Así mismo, esto afectó mis ocupaciones de vida: hubo desde cambios constantes de escuela, cambios de responsabilidades hasta cambios de ambientes en los que me desenvolvía. Unos más desagradables que otros. Ya he mencionado en otros capítulos que en mi educación escolar hubo colegios donde no me comprendieron, ni quisieron adaptar su forma de enseñar para una persona como yo, así que llegó el momento en que me decidí a ser autodidacta y trabajar en ello por cuenta propia. ¿Por qué tuve que buscar un camino tan radical para un jovencito de esa edad? La respuesta es que en aquella época el mundo no estaba preparado para la diversidad, la inclusión y la equidad. Los niños y jóvenes que no se ajustaban a la sociedad eran relegados, en lugar de que la sociedad apoyara en identificar y trabajar con los grandes talentos que poseían.

Ante esta situación, si la sociedad intentó limitarme y rechazarme, yo en cambio pulvericé el molde y me liberé de esa perspectiva anticuada, aprendiendo por mi cuenta. No es lo que habría de esperarse de un niño, pues debería tener la oportunidad de recibir una educación de calidad; sin embargo, la realidad era así en ese momento. Cuando estudié la primaria en escuelas católicas, me hacía sentir muy infeliz que, en lugar de entenderme, los docentes oraran para que "todo lo malo que había en mí" se esfumara por obra de un milagro. Llegaron a convencerme de que solo así lo lograría, y yo fervientemente le pedía a Dios que hiciera ese milagro para mí, pero desde luego que no sucedió, y ellos, abrazando su ignorancia me desconsolaron haciéndome creer que no había remedio alguno.

A pesar de esto, yo seguí buscando mi "milagro", y poco a poco este se fue transformando en una nueva etapa de autoconocimiento: pasé de esperar a que un ser superior me cambiara, a ser yo quien empezara a hacer los cambios. De solo pensar en la cantidad de personas que hoy en día tienen vidas difíciles por la incomprensión de sus trastornos y porque son presionados para "actuar tan normal como los demás", a veces me pregunto a cuántos inventores, artistas y mentes brillantes perdemos como sociedad con estas acciones.

Siempre he sido trabajador, y desde mis seis años sentí curiosidad por hacerlo, así que comencé a acercarme a los adultos para ayudarles en lo que pudiera. Esta búsqueda pronto me enseñó que necesitaba una buena actitud ante el trabajo, la cual es fundamental para cualquiera que uno realice. Desde aquel tiempo, el trabajo me alimentó el alma, me sentía más libre en esos momentos y me daba la posibilidad de explotar las habilidades reales que yo tenía. A mis ocho años me di cuenta de cómo mis cualidades se potenciaban en mis actividades laborales. Un ejemplo de lo que hablo es cuando terminé el quinto año de primaria y salimos de vacaciones. Yo me llevaba muy bien con todos los intendentes de la escuela, y siempre me llamaba la atención lo que hacían, desde jardinería, pintura, electricidad hasta cualquier mantenimiento necesario en una escuela. Todo eso me fascinaba, y los observaba con mucha curiosidad. Así que una mañana me propuse ir a la escuela para pedirles una oportunidad para trabajar con ellos.

Cuando llegué, ya estaban en su taller preparando las herramientas para el día. Ellos pensaron que estaba bromeado cuando les dije: "Vine a trabajar con ustedes" y se rieron. Sin embargo, siento que me tenían cierto cariño, y entonces el jefe accedió: "Hoy vas a ser nuestro chalán; toma estos botes de pintura, el *thinner*, la estopa, las brochas y sígueme". Así que me llevó a la parte trasera de las canchas y me dijo: "Vamos a pintar este muro. Con este rastrillo vas a quitar la pintura, y si lo haces bien, veremos si te dejo pintar". Obviamente, la tarea que me encargaron era la más difícil, quitar la pintura vieja, ¡porque se te caía a pedazos encima y todo el polvo iba a parar en la nariz y la boca! Acabé lleno de pintura blanca, cal y tierra, y mientras avanzaba, solo pensaba: "Ya quiero terminar para poder pintar"; eso era lo que más me motivaba para seguir.

Me dejaron ahí solo durante un rato, y cuando regresaron, a la hora del almuerzo, ya casi había terminado todo el muro. Se quedaron sorprendidos, no sé si porque creían que no me iba a quedar a trabajar o por lo gracioso que me veía todo cubierto de blanco de pies a cabeza; entonces me invitaron a comer. Regresamos al taller y ellos empezaron a cocinar huevos con papa, cuando de pronto escuché una voz familiar: ¡era el director! Una persona a la que, por cierto, siempre le tuve mucho cariño y respeto. Yo pensaba que estaba de vacaciones, por eso jamás imaginé verlo ahí. Se me fue la sangre hasta el piso, y lo primero que me dijo fue: "Del Castillo, ¿qué haces aquí? No puedes estar en este lugar, los niños no pueden trabajar, vete a tu casa y te veo el próximo año". Así que tomé mis cosas y me fui caminando hasta mi casa, cansado, pero contento.

Al día siguiente, sin embargo, volví a vestirme con mi ropa de trabajo y regresé a la escuela puntual para empezar otra vez. Pero esta vez, el intendente al verme se notó molesto: "Me regañaron por tu culpa, Alejandro, tú no puedes estar aquí". Recuerdo que en su taller tenían una imagen de Cristo, y en ese instante, le imploré en voz baja: "Por favor, Padre mío, solo te pido que me permitan trabajar aquí". El intendente salió molesto y se fue a hacer sus labores. Así que cuando no estaba, tomé el cepillo, la cubeta, la estopa y regresé a terminar el muro que estaba limpiando. Ellos se encontraban tan ocupados en otras cosas, que no se dieron cuenta de que estaba trabajando otra vez. Así me dieron las tres de la tarde y hasta la hora de comer se me pasó. De repente sentí una mirada penetrante atrás de mí, me di la vuelta y ahí estaba de nuevo el director: "Del Castillo, te dije que estaba prohibido que vinieras aquí", a lo cual le contesté que lo único que quería era trabajar, y lo estaba haciendo bien. "Del Castillo, eres un niño y me puedes meter en problemas" me dijo, pero yo insistí: "En problemas estaría si estuviera en la calle, al contrario, director".

Con un semblante un poco ablandado por mis palabras, me pidió que por favor no volviera, pues no se trataba de si quería o no que yo fuera, sino que aún era muy joven para trabajar. De lo único que me dio oportunidad fue de concluir con el muro, que casi estaba listo para pintarse. Al día siguiente comencé a trabajar desde muy temprano para acabar mi trabajo. A la una de la tarde llegó de vuelta el director, y al verme todo empolvado por la pintura que había retirado, lanzó una carcajada, me sonrió y me pidió acompañarlo a su oficina. Yo pensé que solo me agradecería y me llevaría hasta la puerta para que no volviera más. Pero contra todo pronóstico, me presentó a la administradora de la escuela a quien le dijo, con mucho orgullo: "Tengo un nuevo trabajador, se llama Alejandro del Castillo", y con una sonrisa en el rostro, ella respondió: "Siéntate y dame todos tus datos, porque al parecer la escuela tiene un nuevo trabajador". Al terminar, me revelaron que habían hablado con mis padres, y el acuerdo al que llegaron es que trabajaría, pero sin pago, pues aún era menor de edad. Eso sí, me advirtieron que si no seguía las reglas o no aprendía a hacer bien el trabajo, me despedirían como a cualquier otro.

No podía creerlo, estaba más feliz que nunca, así que salí corriendo para seguir adelante con mi muro. Cuando volteé hacia la oficina del director, este me miraba con satisfacción por haber conseguido lo que me propuse, y me gritó desde allí con tono de broma: "Más vale que te quede bien ese muro y que no desperdicies mi pintura". Así fue como inicié un mes de trabajo, haciendo todo tipo de mantenimiento para la escuela.

El último día, me mandó llamar la administradora, y me dijo: "Del Castillo, hoy terminaron las labores para ti, así que a partir de mañana regresarás a tus clases habituales. Gracias por todo lo que hiciste. Antes de irte, toma el sobre que está sobre el escritorio". Esto último me causó extrañeza, pues en realidad no tenían nada que entregarme, pero cuando revisé el nombre que escribieron en el sobre, me di cuenta de que al final sí habían accedido a pagarme por mi labor. Ese fue el primer sueldo que recibí en la vida por un trabajo en el que me había esforzado mucho. Fue una gran lección que me hizo sentir profunda alegría y agradecimiento.

Al día siguiente iniciaron las clases para todos los niños, y el director dio un discurso motivacional para todos. No recuerdo mucho, porque me sentía distraído en ese momento, cuando de repente escuché que en el micrófono mencionaba mi nombre y me invitaba a pasar al frente para que todos los niños, padres y maestros me dieran un fuerte aplauso. Yo estaba tan aturdido que no me di cuenta de lo que estaba pasando, pero en realidad él me estaba agradeciendo por todo el trabajo que había hecho para la escuela durante esas vacaciones. Para mí fue un gran impacto que marcó mi vida para siempre. Por fin, alguien había valorado mi esfuerzo, entendía quién era y me había escrito una carta para agradecerme por ser quien era.

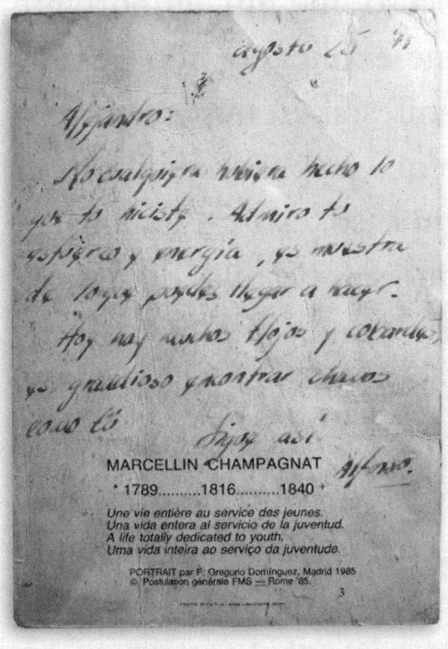

MARCELLIN CHAMPAGNAT
* 1789..........1816..........1840 +
Une vie entière au service des jeunes.
Una vida entera al servicio de la juventud.
A life totally dedicated to youth.
Uma vida inteira ao serviço da juventude.
PORTRAIT par F. Gregorio Domínguez, Madrid 1985
© Postulation générale FMS — Rome '85.

Alejandro:

No cualquiera hubiera hecho lo que tú hiciste. Admiro tu esfuerzo y energía, es muestra de lo que puedes llegar a hacer.

Hoy hay muchos flojos y cobardes, es grandioso encontrar chavos como tú.

Sigue así.

A lo largo de mi vida, los distintos caminos que he tomado me han llevado tanto a grandes y maravillosas experiencias como a dichosos momentos de paz y quietud. Esto lo he logrado gracias al conocimiento que he reunido sobre mi organismo. Durante el proceso, fue muy importante que los especialistas me explicaran con peras y manzanas cómo se manifestaban mis trastornos, y qué medicamentos requiero para equilibrar mi química cerebral. En mi caso, estos tratamientos son de por vida: consumo seis pastillas diarias, las cuales equilibran y mejoran mi salud mental y física. Hay veces en que me canso de tomar a diario tantas pastillas, pero recuerdo que cuando las he olvidado y dejado de tomar me va muy mal, ya que se desata en mí una horrible avalancha de emociones.

Por ejemplo, en una ocasión las dejé de tomar durante un viaje porque las olvidé en casa, me fue muy mal, y al cuarto día ya no soportaba la situación; entonces recordé que lo que me sucedía era debido a que dejé de medicarme. Pasé el resto de la estancia practicando respiraciones para controlar los mareos y la ansiedad, como si se tratara de la resaca más grande de mi vida. Hoy en día tengo sumo cuidado al respecto, y cuando viajo, lo primero que guardo son mis tratamientos. Y siempre llevo dosis de respaldo en mis maletas por cualquier eventualidad que se presente. En definitiva, mi vida es mucho más apacible, organizada y alegre gracias a estos tratamientos.

Cuando fui más joven y aún no recibía los medicamentos necesarios, y las personas que me rodeaban solo alcanzaban a ver la parte externa de mí, es decir, mi mente dispersa, mis olvidos frecuentes, depresión, etcétera; pero fueron muy pocos quienes echaron un vistazo a mi parte más profunda. En algunas ocasiones llegué a sentir rechazo hacia mí mismo, pues yo solo quería que dejaran de pasarme estas cosas, lo cual me hacía sentir bastante frustrado.

¿Qué hubiera sucedido si en lugar de utilizar su vínculo para etiquetarme, quienes me rodeaban hubieran intentado comprender lo que sucedía conmigo y me hubieran ayudado a enfocarme? Tal vez más personas con trastorno de las que imaginamos se hacen la misma pregunta. Aunque hay ocasiones en que tanto los tratamientos como especialistas y las personas cercanas abiertas a comprender la situación están presentes, hay otros casos como el mío en que el camino fue largo y confuso al principio. Por ello, a continuación quiero profundizar más en cómo es posible regular por nuestra cuenta ese fuego que generan los trastornos, de tal forma que mantengamos vivo su poder creativo y evitemos que todo se salga de control.

Antes de entrar a la universidad yo me sentía muy entusiasmado por estudiar una carrera que me permitiera tanto seguir desarrollando mi creatividad como hacer labores más dinámicas, y no en un lugar fijo, sentado frente al escritorio. Así que primero intenté aprobar el examen de la universidad pública. En mi ciudad, el ingreso a la Universidad Autónoma es un parámetro para medir si alguien está calificado para poder estudiar o no; por ello, reprobar el examen puede ser un golpe muy duro para muchos jóvenes.

En mi caso, por desgracia no lo logré, y cuando me dieron la noticia me costó mucho aceptar que no había alcanzado el puntaje necesario para inscribirme. Me sentí bastante mal. A eso se sumó el comentario que me hizo en público el encargado de darnos el resultado, una persona inmadura y de actitud nefasta: "Para qué estudias esto, fuiste el peor en matemáticas. No eres bueno para la universidad". Sin embargo, a pesar de la aflicción que sentí en aquellos días, pronto me recuperé y ese rechazo tan duro fue lo que más me impulsó a querer estudiar, así que decidí inscribirme en una universidad privada para alcanzar mi sueño de cursar la carrera de Arquitectura.

Cuando iba en segundo semestre, recuerdo un día en especial y muy decisivo para el resto de la universidad. Mi mañana comenzó extraña, sentía que el sol me transmitía una energía sobrenatural. Me levanté de un salto, y comencé a vestirme mientras cantaba una canción. Al elegir zapatos, vi que mis botas vaqueras brillaban como el sol, ese era un indicador de alegría para mí. Sentía mucho calor en el cuerpo entero, mucha energía. Moría de hambre, así que bajé lo antes posible a desayunar, y la comida también sabía diferente, los sabores llegaban desde la punta de la lengua hasta mi cerebro. La salsa, las tortillas, todo era extraordinario, así que le dije a mi mamá en tono de broma: "¿Por qué hoy cocinaste una comida tan especial para mí? ¿Acaso es un día especial ¿Es mi cumpleaños? Así me siento, mamá, como si hoy fuera mi cumpleaños". Ella se rio y me dijo que estaba loco. "Sí, afortunadamente, lo estoy, ja, ja. Y hoy traeré un pastel para celebrarlo", le respondí. Al salir de casa, subí al máximo el volumen del estéreo de mi auto, mientras escuchaba un concierto de Luis Miguel. Durante el trayecto hacia la escuela me sentí tan eufórico con la música y con un ánimo tan grande, que preferí perder la primera clase y en su lugar manejé un rato más con el volumen alto para no interrumpir mi felicidad.

Casi hasta las nueve treinta de la mañana estuve de vuelta en la escuela, había llegado media hora tarde a la segunda clase. Al llegar al aula, me metí a escondidas al salón para que la profesora no me viera, pero al final de la clase me dijo que se dio cuenta de absolutamente todo mi teatro. Intenté hacerla reír con algunas bromas para aminorar la seriedad con que me lo dijo, y entonces en ese instante se agolpó en mi cabeza una idea que no pude dejar atrás hasta que terminé cumpliéndola: haría de nueva cuenta el examen para estudiar en la universidad pública la carrera de Edificación y Administración de Obras. Así que ese mismo día fui a pedir informes para hacerlo cuanto antes.

Comencé el siguiente semestre con ambas carreras, pues logré entrar a la universidad pública, y de paso también conseguí un trabajo. Por las mañanas tenía una hiperfocalización en mis actividades laborales, pues requerían mucho dinamismo porque me encontraba en un proyecto de construcción de casas de interés social. Había mucho que hacer todo el tiempo. La energía que imprimía para hacerlo era tanta, que inspiraba a mis demás compañeros a seguir adelante con el proyecto. Pasaba de sol a sol entre tareas, clases y la construcción, y en muy poco tiempo logré adquirir muchísima experiencia y conocimiento.

Entre mis habilidades desarrolladas, mis jefes comenzaron a darse cuenta de que tenía un talento especial para crear excelentes grupos de trabajo, pues se me facilitaba muchísimo organizar a la gente, de tal forma que cada quien utilizara sus mejores habilidades para un propósito común. Durante este periodo no fue tan difícil para mí atravesar etapas de depresión o manías, pues el impulso diario de cumplir con mis metas en el trabajo me animaba bastante a seguir adelante. Usualmente no cometía errores, pues era bastante perfeccionista, lo cual es otra cualidad de mi cerebro que me dio grandes resultados en aquella época.

Mis profesores, jefes y yo mismo estábamos impresionados por el gran esfuerzo que estaba haciendo en todos los ámbitos de mi vida. Sin embargo, este ritmo solo podría lograrse con la energía desbordada que me producían mis trastornos. Había días enteros en que no dormía por entregar resultados en la obra, o trabajos y exámenes en la escuela. A pesar de que mis padecimientos estaban presentes todo el tiempo, me estaban ayudando a vivir el mejor momento de mi vida, me sentía enorme y nadie podía detenerme. En definitiva, me sentía dichoso por ser quien era y por las cualidades con las que había nacido.

También en ese año empecé a forjarme el hábito de correr; lo hacía durante una hora sin parar y escogía la una de la tarde para hacerlo, pues sentía cómo el sol en mi cabeza me alimentaba de esa energía. Era algo totalmente nuevo. Al respirar el aire sentía cómo me llenaba de vida, mi cuerpo estaba completamente conectado con la naturaleza que me rodeaba; sentía el canto de los pájaros, la frescura de los árboles y su aroma. Gracias al ejercicio dejé a un lado el alcohol y el cigarro; lo único que necesitaba era nutrirme de conocimiento y nuevas experiencias.

Esta fue una época en la que me enfoqué demasiado en mí mismo. Dejé de frecuentar amigos, cambié de número celular, y en su lugar, cuando tenía tiempo libre procuraba investigar más al asistir a conferencias de grandes constructores y arquitectos, exposiciones, etcétera.

Sin embargo, no todo fue miel sobre hojuelas, y casi en la recta final de mis carreras, aquel fuego que tanto sentía súbitamente se frenó. Por extraña fortuna, me duró el tiempo necesario que permitió tener la experiencia y los conocimientos que me hacen ser quien soy hoy. Mi salud colapsó, pero a pesar de ello, no podría determinar si fue bueno o malo en su totalidad, porque simplemente es lo que me tocó vivir. Esta etapa de mi vida fue demasiado rápida, y me regaló ese fuego durante el suficiente tiempo para coronarme como quería, pero aun así me tumbó.

De nuevo estaba pasando una racha de enfermedades, que me hicieron recorrer un sinfín de médicos generales y especialistas, pero en muy poco pudieron ayudarme. Los malestares se aminoraron con el tiempo, pero eso me hizo llegar a pensar que tal vez se avecinaría lo peor. En esa época aún no era consciente de ninguno de mis padecimientos, ingería medicamentos no recetados por montones y se volvió costumbre sentirme a morir. Extrañaba mi vida antes de este periodo; con melancolía recordaba los momentos anteriores en que yo era de gran productividad y podía con todo. Pero como no hay mal que dure cien años, tras muchos meses de dejar a un lado la preocupación y la ansiedad sobre mis condiciones, una alimentación balanceada y reflexiones sobre lo que debía hacer hacia el futuro, poco a poco fui reponiéndome hasta sentirme tan bien como fue posible.

Tras esta etapa de mucho esfuerzo por aprender tanto en la universidad como en el trabajo, en la vida laboral he sido ingenioso para vender mis ideas. Soy un extraordinario vendedor, desde cómo tratar a los trabajadores, cómo ser un buen jefe hasta cómo enfrentar los retos del día a día. También encontré la forma de contagiar a los demás mi energía en momentos de desborde emocional, dando ánimo y apoyándolos en sus propias tareas. Codo a codo, pasé por muchos proyectos no solo dirigiéndolos, sino también cargando bultos, haciendo mezcla, etcétera; ellos lo disfrutaban tanto como yo, ya que eran momentos de mucha empatía y fraternidad. Mis momentos de mayor dicha fueron cuando mis empleados llegaron a hacerme comentarios positivos: "Inge, la pasamos muy bien trabajando con usted, nos encanta hacerlo, y a pesar de que aún nos falte resolver mucho, vamos a seguir adelante hasta terminar conforme a su plan".

Gracias a este trato nunca me abandono ninguno de mis equipos. Siempre tuve una relación muy intensa con mis trabajadores, muy cercana al saber un poco de todos, de sus vidas, al escuchar sus situaciones personales y entre todos darnos ese ánimo y ayuda que necesitábamos. Trataba de construir esta hermandad en todos y ver cómo integrarlo como grupo. De muchos de ellos llegué a conocer su casa, sus familias, e incluso fui invitado a muchas de sus fiestas familiares; tras estas experiencias descubrí que ser fraterno con quien trabajas te ayuda a crear grandes equipos de trabajo en proyectos que implicaban ritmos muy fuertes y de sumo compromiso.

Con el paso de los años perfeccioné mi trabajo, y tuve muchos momentos de satisfacción gracias a ello. Pero llegó un día en que quise ir más lejos, hacer cosas nuevas en mi vida, así que surgió en mí un deseo por comenzar una nueva faceta. Hoy en día me impresiona la posibilidad que tenemos todos de acceso a conocimiento gracias a la información que hay en internet. Eso es lo mejor de esta época, cualquier cosa que quieras aprender está en la red. Si quieres tocar percusiones, encontrarás el blog de algún especialista que te regalará su tiempo y su conocimiento para aprender. Es increíble esta era de la información; en lo personal me nutre mucho, ya que es muy fácil aprender lo que quiera, y si necesito profundizar más, entonces busco una clase presencial para seguir adelante. Amo a esta nueva generación y la admiro. Están activos todo el tiempo, y qué mejor que el intercambio de conocimientos sea uno de sus impulsores; hay tantos grandes jóvenes maestros en estas nuevas plataformas, que no me cabe duda del gran potencial que tienen.

Yo siempre quise ser DJ de *scratch*, que se basa en generar sonidos percutivos y rítmicos al mover hacia atrás y adelante el vinilo, de tal forma que la aguja reproduce estos sonidos y el DJ comienza a crear con ellos una armonía; esta técnica comenzó a utilizarse en la cultura musical del rap. Cuando era niño, mi abuela tenía una consola para reproducir vinilos en casa, y con ella comencé a hacer a escondidas mis primeros *scratch*. Sin embargo, ese aparato no estaba hecho para eso, y por infortunio rayé muchos de los discos de mi abuela; recibí muchos regaños por ello, pero en el fondo me sentía feliz por crear esos sonidos yo mismo. Ya de adulto recordé aquellos momentos, así que decidí utilizar toda mi creatividad para aprender, y para ello consulté videos de DJs para aprender algo que me llenaba tanto el corazón. Gracias a ellos es que pude hacer mi sueño realidad.

Sin embargo, algo que también debo advertir sobre toda esta información masiva de internet es que para quienes padecemos trastornos como los míos podemos llegar a vivir una saturación dañina a nivel emocional. En mi caso, investigar tanto puede llevarme a encontrar información que ya no suma en nada a mi búsqueda y, por el contrario, puede llegar a perderme en el camino. Por eso, cuando utilizo estos medios, siempre intento discernir qué es lo que me sirve y qué es lo que no me proporciona nada; a fin de cuentas, es importante reconocer que este tipo de aprendizajes en línea debe enfocarse en disfrutar y relajarse o aprender algo nuevo con medida. Para ello me recuerdo ser siempre yo mismo, y de esta forma reconocer lo positivo que cada quien puede ofrecer, así como lo maravillosas que son las habilidades de las personas que se encargan de compartir su conocimiento. Cada vez que hago búsquedas, me fijo un tiempo determinado para hacerlo, y tras concluirlo analizo qué tanto pude aprender al respecto y qué tan lejos o cerca me quedé del objetivo. Si no voy bien en mi investigación, simplemente busco detenerme y no martirizarme por no lograrlo; agradezco lo que tengo y vuelvo a disfrutar la paz que he desarrollado en mi vida.

La búsqueda del equilibrio del que he hablado antes me ha permitido disfrutar de estos momentos, y trato de frenar etapas de obsesión que me impidan detenerme. Cuando aprendí a construir desde el amor, la diversión y la felicidad, logré hacer de mis pasatiempos algo sano y agradable. Así fue como pude crecer de acuerdo con las necesidades de mi vida. Hoy un paso a la vez me lleva a la meta: a veces se trota, otras se corre, se camina o se descansa, pero lo importante siempre es volver a establecer el ánimo positivo ante la vida. "El que mucho abarca, poco aprieta" es una frase que me gusta recordarme al ser bipolar.

Durante toda esta etapa nunca dejé de trabajar en mí, y siempre que podía, aun en vacaciones o en mis ratos libres busqué algo aprender, cómo ayudar; tratar de hacer las cosas mejor. Si el plan no resultaba como deseaba, no importaba; pero siempre me acompañó la fuerza de querer ser mejor y dejar una parte buena de mí en los demás y en mis proyectos.

Este fuego que vive en mí también suele ser muy fuerte cuando se trata de ayudar a los demás. Siempre he tenido esta gran virtud de dar y entregar mi energía, mi amor, ser productivo para los demás sin esperar nada a cambio; pero cuando viví esta experiencia sin límites, en frecuentes ocasiones lo pagué caro. Así que, a base de muchas pérdidas, caídas y raspones, viví muchas grandes y maravillosas experiencias al apoyar a otras personas. Este fuego es una gran herramienta para mí, tanto en servir como en dar, entrego mi alma. Ahora que comprendo mis trastornos y cómo regularlos, sí puedo seguir dando mi corazón para ayudar a los demás, sin las consecuencias que implicaban ponerme en segundo plano.

Así como en el amor y la ayuda que ofrezco, tuve que trabajar en la aceptación de mis límites en todos los niveles: en lo físico, en lo psicológico, en lo espiritual, en lo familiar y en lo profesional.

Con los años comprendí que tenía que tomar conciencia sobre mis límites, pero ¿cómo llegar a esa aceptación en nuestra vida? ¡Te cuento!

Identificar mi estado de salud física no resultó una tarea sencilla, puesto que el estrés, mis pensamientos y factores emocionales diversos llegan a afectarme de distintas formas en el cuerpo. Este aspecto puede abarcar desde mi tipo de alimentación, mi consumo de alcohol y cigarro hasta el tiempo que tomo para dormir o el esfuerzo físico que hago a lo largo del día para llevar a cabo todas mis actividades. En el pasado, cuando me sentía bastante tenso y ansioso por no saber qué pasaba en mí ni cómo solucionarlo, en mi cuerpo se detonaba frecuentemente la fibromialgia, la depresión o la disautonomía. Ante tal desconocimiento y tanta necesidad por evitar deteriorarme, empecé tratando de cambiar hábitos, y el de la alimentación fue fundamental. Al hacerlo, fui más consciente de aquello que me hacía daño; mi larga búsqueda por fin me permitió encontrar a una nutrióloga, que a partir de aquel tiempo me ha revisado periódicamente. Sus consultas se enfocan en estudios de sangre que demuestren cómo se están comportando a nivel corporal los medicamentos prescritos que tomo, si están afectando alguna zona de mi cuerpo o si, por el contrario, siguen adaptándose a mis necesidades.

El objetivo de acudir con mi nutrióloga en un principio podría indicar que mis consultas se basan en vivir bajo un rigor absoluto de mi dieta, pero contrario a lo que podría esperarse, en realidad me brinda un conocimiento invaluable sobre mí, lo cual me ayuda a mejorar mi calidad de vida, pero también me permite saber qué alimentos que disfruto mucho puedo consumir y en qué medida; no se trata de prohibir, sino de regular y equilibrar. A veces mi fuego interior me orilla a abusar de ciertos gustos, y en el caso de los alimenticios, puedo controlarlos gracias a la conciencia que desarrollé en la consulta con mi nutrióloga. Si bien a veces puede llegar a costarme un par de meses salir y mis hábitos son alterados durante ese tiempo, lo importante es intentar aminorar lo más posible el impacto en la mente y el cuerpo mientras la crisis esté activa, para que al terminar las consecuencias resulten menores.

Cuando presentamos trastornos mentales tales como TDAH o bipolaridad, las emociones fuertes que son producto de ese fuego interior con frecuencia llegan a afectar en gran medida al estómago, pues ahí se concentran muchos de los procesos emocionales que vivimos los seres humanos; por ello, ir de la mano con una especialista en nutrición me ha sumado en mucho al equilibrar mi vida con este tipo de padecimientos. Gracias a esto he podido aumentar mi felicidad y mejorar mi cuidado personal. Alcanzar mi plenitud implica mi salud nutricional, y para lograrlo es importante aceptar que siempre hay que estar atento de ello, pues como todo en la vida, también llega a cambiar con el paso del tiempo, nada permanece igual para siempre.

Por otro lado, la actividad física es importante para complementar la estabilidad de mi salud. Como ya he mencionado antes, debo elegir con consciencia cuánta actividad física realizaré durante el día, pues la bipolaridad en ocasiones me hará sentir excesivamente enérgico y en otras no me dará ánimo para hacer nada. Cuando no me quiero ni levantar, las actividades cotidianas como bañarme, estirarme, repetirme frases positivas o hacer el desayuno modifican mi estado y me dan ánimo; el objetivo es no quedarme estático, pues llega a causarme mucho daño. Hay días en que está bien ir más despacio para estar bien.

También suelo cuidar los niveles de masa muscular y acondicionamiento físico. Para eso procuro correr tres kilómetros algunos días, otros nada y a veces uno, dependiendo de lo que necesite mi cuerpo para evitar lesionarme. En cualquier tipo de ejercicio o actividad siempre debo adaptar la cantidad de esfuerzo que hago, pues a veces mi cuerpo reacciona exageradamente a diferentes tipos de movimientos, provocando lesiones que tardan en recuperarse. A lo largo de mi vida he tenido que dejar actividades por completo por más que me gusten o sienta que me están haciendo bien, porque llega el día en que comienzan a hacerme daño. Ahora sé lidiar con esto, ya no me genera coraje o impotencia; simplemente me embarco en lo que sigue. No es fácil, pero ya es parte de mi vida; cuando me sucede, llego a perder mucha masa muscular y condición física, pero sigo con paciencia hasta encontrar algo nuevo. Sin embargo, sé que hoy que debo tener bien claros los límites y aceptarme como soy.

Hubo un día en que me desperté con un gran dolor en todo el cuerpo. ¡Yo no sabía en aquel entonces lo que era un bajón de bipolaridad! No lo reconocía como tal a pesar de haber recorrido muchísimos doctores desde mi niñez por un padecimiento de la espalda. Los doctores me auguraban que para los dieciocho años sería incapaz de caminar. Fui con médicos que me diagnosticaban escoliosis y desgaste de un disco de la vértebra. El impacto de esa idea en mi infancia y adolescencia fue bastante duro y difícil de procesar, sobre todo si te lo dice un médico, pues lo das por hecho.

A mí me ha costado un gran esfuerzo todo en la vida; por supuesto que sé que otras personas también llegan a tener muchas dificultades, todos las tienen, pero en lo personal, ha sido un camino complejo. En algunos momentos de mi vida he quedado incapacitado debido a ese malestar de la espalda, pero cuando llegué a comprender que mi dolor también aumentaba por la depresión, me enfoqué en fortalecer mi espalda y abdomen, lo cual me ha permitido tener una vida sana hasta mi edad adulta. Hoy monto a caballo, hago *parkour*, corro, nado y hago yoga entre otras actividades, pero si me hubiera quedado con ese diagnóstico que me dieron en la infancia, jamás habría disfrutado de mi tiempo, ni conocido a gente maravillosa o aprendido de cada disciplina. Mi vida es bipolar, como yo. Hoy kung-fu, mañana natación y veremos después qué sigue.

Tras muchos años descubrí que empecé a padecer escoliosis por una mala postura que tengo al dormir. Mis músculos se tensan sin motivo ni razón alguna, y descanso como si estuviera en constante modo de alerta; mi cuerpo exagera esta tensión en muñecas, piernas, tobillos, pies y músculos, generando contracturas musculares. Mi mente trabaja a un ritmo tan acelerado que incluso dormido impide que mi cuerpo descanse. A veces despierto en la madrugada debido a contracturas causadas durante la noche. Entonces me levanto, relajo el cuerpo durante un rato e intento dormir de nuevo. En una misma noche puede llegarme a pasar de dos a tres veces.

Después de hacer cambios en mi vida durante años, hoy por fin he logrado dormir mejor, no siempre como quisiera, pero sí de forma mucho más habitual, considerando todas mis condiciones. Sobre todo, he logrado controlar más mi tensión antes de ir a descansar con ejercicios de respiración, lo cual me ayuda a desapegarme de los acontecimientos del día; además, llego a hacer estiramientos, evito ver el celular, apago la televisión u otros contenidos que puedan provocarme exceso de emociones. Esta lucha conmigo mismo que se resiste muchas veces a los cambios y dificultades poco a poco ha ido mejorando.

En este proceso físico hubo demasiados puntos altos y bajos que en ocasiones terminaron bajando mi ánimo. No obstante, dejé de buscar un concepto acartonado de paz, y en su lugar, gracias a decisiones conscientes, comencé a buscar lo que es mejor para mí. Aprendí a adaptarme a determinados horarios y ritmos según mis necesidades; cada día es diferente en cuanto a mi estabilidad, y por ello elijo la alternativa que mejor me funcione para el momento en el que me encuentro.

A los veintitrés años, con mi adultez en pleno auge, entré en un estado en el que pensaba que no podía darme el tiempo de descansar, pues tenía muchas responsabilidades y no se me hacía correcto dormir más de cuatro horas a pesar de que a veces llegara a necesitarlo. Esta idea en extremo exagerada me hacía sentir que mi salud mental o mi condición física me provocarían perder mi casa o trabajo si no trabajaba duro; sin embargo, en aquel tiempo había dejado de contemplar que mi salud mental y física eran lo más importante. Más tarde, cuando tomé terapia, pude replantearme esta idea, lo cual me permitió tomar de nuevo las riendas de mi vida.

Durante estos años, gracias al amor propio y la terapia entendí que no era posible lidiar con todo yo solo. Hoy en día, he logrado integrar muchas tácticas para fluir en mi vida cuando me siento atascado, como mis revisar anotaciones, aceptar mis padecimientos y reconocerlos, ser un paciente responsable y no faltar a mis terapias, escuchar a los demás, tomar mis medicamentos responsablemente, etcétera. Todo esto en su conjunto representa el amor que me doy, y sé que gracias a ello todos los días puedo salir adelante y puedo volver a empezar. Soy consciente de quién soy yo y de las fases que atravieso en mi día a día.

Reconocer ese fuego interior para trabajar en mi relación con él y mejorar mi vida fue todo un proceso. Recuerdo cómo durante una época utilizaba una cubeta llena de hielo y otra con agua hirviendo para calmar los dolores que me provocaba en las piernas debido al exceso de actividades. Pero llegó un buen día en que me cansé de sufrir de esa manera: "¿Qué está pasando con mi vida? ¡No puedo seguir así! ¡No puedo vivir todos los días queriendo ser normal y esforzarme tanto en esto, cuando no lo soy!". En general, no puedo mantener la misma rutina por años y años; no puedo correr todos los días diez kilómetros o ir al gimnasio todas las mañanas, por ejemplo. En aquellos momentos por fin entendí que necesitaba partir de lo que sí puedo hacer para construir mi vida desde allí, desde lo que soy física, mental, espiritual y psicológicamente capaz de hacer.

Este fue el punto clave para tomar la decisión correcta sobre cómo entender y dirigir mi existencia. No cedí ante los pensamientos negativos y derrotistas gracias a mi carácter. Por el contrario, elegí comprender que cuando el dolor es tan intenso, lo más importante es reconocer que está bien volver empezar si es necesario, no importando el momento ni las circunstancias.

Por fortuna siempre me he sentido muy conectado con lo espiritual, es una parte de mí que me da mucho aliento para seguir adelante. Esta fuerza espiritual me da ánimo, me hace sentir sostenido sobre una base firme; no obstante, sé que soy yo quien debe dar el siguiente paso para salir adelante.

Antes de empezar a recibir medicación prescrita por especialistas, el cigarro contuvo muchos de mis estados de ánimo. Durante episodios de ansiedad, llegaba a fumar una cajetilla diaria, lo cual disminuía un poco las crisis, pero las consecuencias eran que físicamente me hacía un gran daño. Hoy en día acepto todo lo que viví en el pasado sin culparme o afligirme al recordarlo, pues no podía hacer más en aquellos instantes. Con el tiempo se forjó en mí la convicción de procurarme una vida lo más equilibrada posible al empezar con medicaciones prescritas por especialistas. De esta forma, paulatinamente fui abandonando la adicción al tabaco, y la sustituí por mejores alternativas que me ayudan a estabilizar mis trastornos. Si hoy en día fumo, solo lo hago de forma ocasional en reuniones, pero aún sigo perseverando para algún día dejarlo por completo, por el bien de mi salud.

Renunciar a hábitos perjudiciales puede tener dos vías, la primera es dejarlo de golpe, radicalmente; y la segunda es haciéndolo poco a poco y a un ritmo que te haga sentir bien con el cambio. En mi juventud varias veces elegía cambios radicales: de la noche a la mañana quería que la vida fuera distinta por completo en tan solo un chasquido de dedos Al elegir este camino, las contenciones eran demasiado duras para mí, y a esto añadía el ser un hombre de palabra y cumplir con lo que me prometía. Naturalmente, por la falta de experiencia y herramientas para desarrollar mi amor propio, este camino me generó muchos más obstáculos de los que imaginaba.

Este desgaste tan grave me orilló a un estado profundo de energía muy elevada. Casi no dormía, tenía muchísimo trabajo y varios compromisos importantes, pero a pesar de los cambios radicales que me yo mismo me provocaba y las consecuencias que había detrás, continuaba con todos mis deberes.

Esta decaída física, espiritual y psicológica me provocó varias noches de insomnio, a la espera de que Dios por fin me transformara en alguien diferente.

Por fortuna, el momento clave llegó con mucha lucidez cuando platiqué con un amigo muy querido sobre lo que me pasaba. Al contarle todo el tormento con el que estaba viviendo, él simplemente se concretó a darme una solución en apariencia simple, pero en realidad bastante valiosa: “La respuesta está en ti”. En aquel momento su perspectiva me dio muchísimo coraje. Creía que era mera charlatanería, pero pronto comprendí el verdadero sentido de sus palabras y me di cuenta de que mirar en mi interior en lugar de intentar asemejarme a los demás me daría las respuestas para regular ese fuego.

Al principio seguí al pie de la letra sus palabras: yo buscaba una sola respuesta para todo, la gran respuesta que llegaría a cambiar todos y cada uno de los aspectos de mi vida. En verdad creía que así era, pero pronto me di cuenta de que en realidad se trataba de un todo, integrado por eventos, sentimientos, situaciones, decisiones y valores, es decir, la vida misma a través de mí. A partir de allí, mi perspectiva cambió, y con ella, poco a poco empezaron a surgir nuevas formas de vivir mi vida con plenitud.

Como expliqué antes, la relación que he tenido con el trabajo desde siempre me ha ayudado a canalizar mi fuego interno; me ha permitido explorar mi creatividad y habilidades, pero sobre todo ha formado mi pensamiento con muchas lecciones que me apoyaron a salir adelante en momentos de crisis. Por ello, quiero compartirte varias enseñanzas que obtuve tras varios trabajos que hice en el pasado. Si bien estos saberes fueron un fruto de la experiencia laboral, en muchas ocasiones encontré en ellos más de un sentido, ayudándome también sumaron en mejorar mi vínculo con mis trastornos y mi vida personal.

Cuando trabajé como ayudante de albañil, aprendí lo siguiente:

- Si no contaba con la herramienta necesaria para trabajar, siempre era importante ingeniar una solución que desafiara toda limitante, ya fuera económica o de cualquier otra índole; por ejemplo, ir a un terreno baldío donde pudieras encontrar lo que necesitabas en lugar de comprar algo nuevo en una ferretería. Lo que quiero decir es que en ocasiones no se trata de hacer lo que se esperaría habitualmente, sino que hay que tener la disposición para buscarlo, y solo entonces surgirán nuevas y realmente valiosas ideas para encontrar la respuesta.
- El trabajo siempre es duro; sin embargo, si aprendes a hacerlo con inteligencia, te resultará más ligero y tolerable.
- No exagerar en el ritmo trabajo es importante. Recuerda la frase “Voy despacio, que

voy deprisa", pues es más importante hacer las cosas bien que rápido.

- El trabajo físico es muy arduo, pero muy digno y respetable; un orgullo en verdad para quien honra con su esfuerzo su actividad.

Cuando trabajé como ayudante de carpintero aprendí lo siguiente:

- Las maderas se distinguen por sus aromas, propiedades y usos. Cada una cumple una función específica. En este sentido, la idea es que conozcas la gama de posibilidades que tienes en tus manos respecto de algo que necesites resolver; entre más alternativas analices, más comprenderás la forma de aprovechar tu mejor opción.
- Planifica bien tu objetivo antes de iniciar con tu trabajo; los errores cuestan mucho, pero una buena organización rinde frutos desde el inicio.
- Administra bien el dinero; primero utilízalo para costear el material que requieres, y cuando hayas concluido tu labor, obtén la

verdadera utilidad que lograste generar. Es decir, primero concéntrate en realizar correctamente tu objetivo, y más tarde recibe los beneficios de tu esfuerzo.

- Una distracción te puede hacer perder los dedos. Mantente atento de lo que estás haciendo, pues los distractores a tu alrededor pueden impedirte lograr lo que te propones e incluso dañarte.
- Solo hay dos formas de hacer el trabajo: mal hecho y bien hecho.

También me dediqué a la venta de muebles, lo cual me ayudó a comprender que:

- Las ventas forzadas no sirven. Si intentas hacer las cosas por la fuerza, los resultados serán decepcionantes; en cuanto tus acciones no fluyen es mejor cambiar de plan antes de que sea tarde.
- Si el primer negocio no funciona, sigue adelante, no te detengas. Entre más opciones explores, más pronto encontrarás la que más puede serte de ayuda.

- No te aflijas al perder dinero, porque habrás ganado experiencia.
- Ahorra cuanto puedas; pronto encontrarás grandes formas de invertirlo. No tengas miedo de invertir jamás, pero toma en cuenta que siempre será más sano hacerlo de acuerdo con tus posibilidades.
- Arriésgate muchísimo… pero comprométete con lo que realmente puedes regresar. Resultados exitosos que se hacen de un día para otro no existen.

Trabajar como pintor me dio las siguientes lecciones:

- Hacer tu actividad con ánimo y felicidad te dará grandes resultados.
- La paciencia es fundamental para lograr tu objetivo.

Al trabajar como ayudante de instalador de portones aprendí lo siguiente:

- Antes de comenzar, usa bloqueador solar. Es decir, procurar tu seguridad antes de comenzar cualquier cosa que hagas será fundamental para lograr tus objetivos.
- El sol quema, pero da sus recompensas.
- Trata de dormir temprano para poder dar lo que el trabajo físico exige al otro día.

Como ayudante de herrero:

- Una mala broma que me hicieron mis compañeros cuando comencé a trabajar con ellos fue enseñarme a soldar sin la máscara protectora necesaria para evitar daños que pueden ser permanentes en los ojos. Cuando comienzas algo nuevo, tal vez te enfrentes a peligros desconocidos; por ello, evita confiar ciegamente y analiza por tu propia cuenta tus pros y contras.
- Aprendí a entender la mentalidad tanto del jefe como del empleado. Los primeros decían: "Soy pobre porque les doy todo y aun así no trabajan", mientras que los segundos repetían: "soy pobre porque el jefe no

me entiende". ¿Cuál es la realidad? Ambos polos pueden llegar a tener razón en algún punto; pero si son objetivos respecto a sus propias responsabilidades, pronto comprenderán cuáles son los límites y las posibilidades reales. Ten cuidado con las expectativas que puedan ser fantasiosas y concéntrate en la realidad.

- Cuando lo necesites, anímate a buscar ayuda; no siempre se puede lograr todo solo.
- Ten ordenada y limpia tu área de trabajo. Tu mente y tu sensibilidad te lo agradecerán.
- Cuando tienes las herramientas en su lugar, más rápido terminarás tu actividad.
- Un empleado o socio con mala actitud, envidia o mentiroso puede dañar todo el negocio.

Mi etapa como constructor:

- Para ser un excelente jefe primero tuviste que haber hecho tú el trabajo de tu empleado; solo así comprenderás cómo hacer solicitudes realistas.

- Si eres jefe, procura hacer tratos por escrito y firmados. Las personas que se comprometen de palabra comúnmente quedan mal y hasta corres el riesgo de que te culpen de sus errores. Es tu responsabilidad hacer un trato o convenio favorable.
- El dinero no tiene sentimientos.
- Hazte responsable de tus actos.
- Los adultos mienten demasiado, trata de crear un ambiente de confianza y honorabilidad para lograr mejores resultados.
- Mientras hay dinero, todos dan elogios; cuando salen mal las cosas todo es tu culpa. Aprende a tomar cada palabra en su justa medida.

Como vendedor de casas:

- Si no la quiere, el cliente no la compra. En el noventa y nueve por ciento de los casos eso sucede. Debes saber identificar cuál es su verdadero deseo para trabajar en ello.
- Dale tiempo, no lo sofoques.

- Siempre ten una buena actitud, aunque sea tu peor día…
- Aprenderás a identificar quién te engaña y solo te hace perder tiempo, pero aun así, siempre debes tratarlo con respeto.
- ¡Jamás te des por vencido! Siempre hay una gran recompensa detrás de todo esfuerzo.
- Ayuda cuando puedas, y no esperes NADA a cambio, pues a veces buscarán devolverte el favor de mala gana.
- El que mucho abarca, poco aprieta.
- Busca nuevas formas, el ingenio supera todas las adversidades.
- Vestir correctamente y asearte siempre hablará bien de ti. Puede que canse trabajar tanto en tu apariencia, pero siempre habrá recompensa, y dicho sea de paso, también mejorará el ánimo en tu interior al verte reluciente. Tu presentación vale, y mucho.
- Siempre contempla ambas partes, quién vende y quién compra. Gracias a los dos llega la recompensa. ¡Valóralos!
- Procura ser amable, nunca grosero. Por más molesta o incómoda que se comporte

cualquiera de las dos partes, tú saldrás bien si conservas la calma. No caigas en sus juegos, muchas veces no es real, solo buscan vulnerarte para ganar ventaja.

- No tomes todo tan personal cuando alguien te haga aclaraciones, sé profesional al recibir críticas. ¡Recuérdalo bien!
- Anota todo. Lleva un registro, una agenda para mejorar tus actividades.

Estos aprendizajes fueron cruciales para formarme en lo que soy ahora, pues me permitieron aprovechar la energía desbordada y regularla yo mismo, con mi consciencia. Con el tiempo, estas lecciones se extendieron a más aspectos de mi vida de los que imaginé. Recuerda que toda experiencia siempre te dará más de lo hubieras pensado al principio.

En mi niñez muchas veces acompañamos a mi padre a una logia de los masones y lo dejábamos allí hasta que concluía. Cuando le preguntaba a qué iba, jamás me dijo lo que hacían allí dentro, pero sí me explicó que algún día yo aprendería cosas mágicas y maravillosas al respecto. Cuando me respondía, yo imaginaba grandes salas con sabios maestros, del estilo del mago Merlín, haciendo increíbles actos de magia, poseyendo un gran control de la mente. Por ello, me tranquilizó saber que solo necesitaba tener paciencia para conocer algún día a quien me enseñaría lo que tanto anhelaba: la gran iluminación, inteligencia, poderes psíquicos, hipnotizar, etcétera. Desde aquel tiempo supe que era posible alcanzar gran sabiduría en esta vida, y mi sorpresa fue aún más grande cuando siendo adulto me percaté de que ese Merlín en realidad siempre había estado dentro mío, pues cuando nos damos cuenta de la verdadera potencia que atesoramos en nuestro interior, despertamos de un sueño profundo y comenzamos a vivir verdaderamente la vida.

Para desarrollar este conocimiento de mí mismo y mejorar mi conciencia, escogí hacer ejercicios tanto de concentración o como de relajación. Además, la atención profesional y la medicación también fueron fundamentales para mí. Otra verdad que logré comprender es que esa "gran iluminación" que siempre querríamos alcanzar en realidad no es más que una serie de pequeños momentos que poco a poco se van integrando en nuestra experiencia. Así, descubrí que en mí estaba la decisión de elegir cuándo aprovechar el aquí y ahora: el MOMENTO para hacer ejercicios, para meditar o hacer mis estiramientos, lo espiritual, ir a terapia o tomarme un tiempo libre. La clave está en aprender a darnos el espacio para hacer florecer cada uno de esos MOMENTOS.

Hay muchos caminos, y todos son distintos entre sí. Por ello, la elección que hagamos es imprescindible para alcanzar el resultado que deseamos. No porque me vista de colores o de negro las cosas cambiarán mágicamente. "El hábito no hace al monje" reza el dicho, y si bien es verdad que solo imitar actos no nos acercarán a nuestro objetivo, la auténtica fe que tengamos en nosotros mismos y nuestra búsqueda nos permitirá construir el camino hacia la meta. En este sentido, elegir lo que nos haga sentir cómodos será la señal que necesitamos identificar. Se trata de trabajar plenamente conmigo y con los demás, sin olvidar que es importante respetar las diferencias y estilos que cada uno tiene en su búsqueda interior. En lo personal, trato de que mi exploración sea tan simple como se pueda, pues lo complicado suele distraerme mucho y me cansa; de igual forma, tomo en cuenta la alegría, energía y genialidad que siento en cada momento de mi vida para hacer mis elecciones.

Cuando escribí este libro me interesó mucho investigar al respecto de la atención que ofrece el gobierno para apoyar con la salud mental de la población. Hoy en día, tiene disponible una línea de atención psicológica las veinticuatro horas durante todo el año. Sin embargo, considero que falta mucha más difusión sobre su existencia, así que decidí investigar sobre lugares públicos y asociaciones gratuitas a las cuales acudir en caso de ayuda. Fue muy grata mi sorpresa al descubrir que a lo largo y ancho del país sí existen varios lugares liderados por personas con una gran calidad humana que ofrecen alternativas de ayuda para quien busque mejorar su vida.

No obstante, la falta de interés en torno a la salud mental hoy en día aún sigue presente. Lo más preocupante es que si quienes padecen trastornos mentales no se tratan a tiempo, corren el riesgo de vivir muchos problemas sociales, como el desempleo, las adicciones, suicidios, divorcios, separaciones familiares, violencia, inestabilidad laboral, entre otros. En definitiva, la salud mental debe adquirir mayor importancia, pues la falta de programas enfocados en ella afecta a una gran parte de la población, y provoca severas consecuencias económicas, sociales personales en el caso de quien padece trastornos mentales.

Para una persona poco familiarizada con el lenguaje médico es difícil comprender cómo trabajar en su salud mental, lo cual obstaculiza bastante el diagnóstico temprano, por lo que es importante tener paciencia con los doctores y familiares, pues la accesibilidad a la información suele ser complicada, así como su proceso de resolución.

Lo que más deseo compartirte con esta lectura es que no atenderte o minimizar estos trastornos puede causar muchos problemas en tu entorno familiar, social y laboral, y principalmente contigo mismo. Tú, como todos los demás seres humanos, tienes derecho a vivir una vida digna y plena, lo cual no implica que debas forzarte a actuar "con normalidad" y que, lejos de resolver tu salud mental, solo reprimas tu mundo interior para satisfacer a los demás. Si no te ocupas de ello por tu propia cuenta, nadie lo hará; de ti depende informarte y asumir la responsabilidad de tu vida. Por ello, quise compartir mi experiencia contigo, pues explicarte lo que a mí me ha funcionado puede sumar en tu proceso y darte ánimo para tomar cartas sobre el asunto, es decir, tus propias decisiones, pero informado y acompañado de un especialista. A partir del camino que he narrado desde mis propios padecimientos, intenta crear tu propia fórmula, con conciencia y responsabilidad para aceptarte y lograr entender cómo mejorar tu salud mental.

Contra todo pronóstico del pasado, hoy mi vida sigue adelante: soy esposo, papá de dos hijos, hermano, hijo, tío, amigo; tengo uno o muchos trabajos, *hobbies*, amigos y una vida espiritual activa. En conjunto he logrado entender que cada día puedo integrar un nuevo crecimiento y madurar al aprender de aquello que enfrento en mi existencia, ya que la vida no es estática, sino que, por el contrario, ofrece alternativas para quien busca respuesta desde el amor propio, la comprensión y la empatía. Todos los días representan una gran oportunidad para construir el éxito que tanto deseamos. Recuerda que no estás solo, y que, sobre todo, tú también mereces vivir una vida plena a tu manera.

Agradecimientos

A ti, bb, mi esposa, mi pollo loco, gracias por el apoyo incondicional y por siempre, siempre haber confiado y creído en mis proyectos; por el amor y paciencia tan grande que me tienes. Sé que no entiendes todo lo que hago, pero cuando te explico mi mundo interior, veo en tus ojos cómo conectamos con el alma cuando me dices "Te entiendo, te apoyo, tú puedes". Ese momento me da la certeza de que cuento contigo. Gracias por jugar conmigo, por esos grandes momentos de risas y bromas. Empezamos esta aventura siendo unos niños, y lo único que teníamos para ofrecer era nuestro amor. La vida se encargó de ofrecernos muchas situaciones muy divertidas y otras no tanto; pero ahora sabemos que en realidad se trataba de Dios enseñándonos que sí podemos, y que juntos, en equipo, se mantiene lo más importante: nuestro amor. Gracias, porque así, un poco rotos, los dos pudimos unirnos para hacernos una pieza completa. Gracias por tu sonrisa y tus enseñanzas día a día, porque sin ti jamás habría podido ayudar y dar todo eso que hemos vivido. Tú eres mi gran amor, mi gran amiga, mi confidente, mi todo. Gracias por mis hijos. Gracias por las aventuras que están por venir.

Gracias a mis hijos; a ti, mi niña, y a ti, mi niño. Todos los días me dan fuerza, todas las mañanas hacen que olvide lo malo y cambie mi forma de ver la vida: todos los días me dan ese gran regalo de poder ser papá, los amo hasta el infinito. Gracias por esas caricias que me regalan, esos abrazos largos y fuertes, esas risas y juegos. ¡Compartir su alegría y su cariño me ha enseñado tanto! Sé que aún no lo entienden todo, pero es increíble que sepan cuándo necesito ese "te amo", esa caricia por la mañana, ese juego que me hace reír tanto. Con ustedes, mi familia, he descubierto lo maravillosa que es la vida.

Mamá, mamita, mi osa, gracias por ese apoyo y comprensión que me das día a día, por ese gran amor, por enseñarme cómo dar sin esperar nada a cambio. Gracias por los grandes sacrificios que has hecho por todos nosotros, y por esos grandes y apretados abrazos que me das. Me has llevado siempre de tu mano, nunca me has soltado, me has tenido enorme paciencia, has apostado siempre a mi favor en todas mis ideas y proyectos. Gracias por nunca dudar. Te amo.

Papá, pa, mi oso, gracias, porque me has enseñado que a la vida se le encara con la frente en alto, por tu gran cariño y apoyo incondicional, por enseñarme que todos los días tengo la gran fortuna de volver a empezar, por los años llenos de aventuras divertidas y otras un tanto difíciles, pero que al final han sido maestros sabios de los que aprendimos y que nos han unido más. La vida nos ha regalado esos momentos para mostrarnos de qué éramos capaces juntos sin saberlo. Pa, gracias por enseñarme a vivir la vida con tu optimismo, mi querido amigo, mi confidente, te amo.

Hermano, mi hermanito, crecimos juntos en amor. Me tocó el mejor hermano, tan diferente a mí, pero tan similar en el corazón y en el alma. Gracias por tu gran apoyo incondicional en mis ocurrencias, en los momentos complicados que irónicamente han sido los que más nos han unido. Te agradezco infinitamente tu amistad, tu gran amor, que compartas conmigo tantas aventuras, tantas risas y abrazos largos. Es increíble verte andar con esa rectitud y respeto ante la vida, con esa gran energía y amor hacia tu familia, tu país y tus amigos. Eres un gran ser humano, un chingón, mi hermanito; mi maestro, te amo y te agradezco por mis sobrinas, cada una un cachito de tu corazón.

Fátima, mi familia y amiga, eres apoyo incondicional. Celebro las grandes vivencias juntos y las que están por venir. Gracias por tu enorme corazón lleno de amor y por entregarlo en grande, eres muy especial, te quiero mucho y admiro.

Gracias, Jime y Eli, en ustedes encontré una familia más. Gracias por siempre estar presentes, por apoyarme y por compartir conmigo tantas risas y tantos momentos divertidos. He aprendido mucho de ustedes, de su gran corazón y esa forma tan única y tan maravillosa de cada una de ver la vida.

Gracias, Francisco Javier Alonso Castillo, amigo, guía, y maestro, por tu cariño, paciencia y apoyo, por tantas pláticas y enseñanzas desde tu gran corazón. Eres único, amigo, tu amistad me llevó a un gran crecimiento, ¡lo hicimos en grande!

Gracias por su amistad y apoyo a Tablas Roberto, Iván, Anuar, Gustavo, Karla, Quique, Alejandro, Juan Pablo, Daniel y Pablo.

GRACIAS, PAPÁ DIOS, POR TODO. DE TU MANO, A DONDE SEA,

TE AMO.

Esta obra se terminó de imprimir
en el mes de abril de 2026,
en los talleres de Diversidad Gráfica S.A. de C.V.
Ciudad de México